Vöcklabruck
Seewalchen am Attersee
Gmunden
Traunsee
Traunkirchen
Ebensee
Bad Ischl
Altausseersee
Grundlsee
Altaussee
Bad Aussee
Hallstätter See
Hallstatt
Enns
STEIERMARK

Redaktion und Lektorat: vielseitig, Sonja Franzke

Grafisches Konzept: METAPHOR.ME Michael Jung
Satz & Layout: METAPHOR.ME
Karte: Cartomedia
Gesetzt mit Catalog Pro / Gotham
Printed in Austria

ISBN 978-3-85256-550-7

www.folioverlag.com

55 REISEVERFÜHRUNGEN

Julia Kospach

AUF INS SALZKAMMERGUT

Verborgenes
Skurriles
Kulinarisches

FOLIO VERLAG
WIEN | BOZEN

Inhalt

„Ins Land einischaun“

Ein erster Blick ins Salzkammergut: Von herrlichen See- und Bergblicken, von verwirrenden Grenzziehungen und manifesten See-Fixierungen sowie dem großen Trachtendruck, der im Salzkammergut herrscht.

Je länger man ins Salzkammergut hineinschaut, desto unklarer wird die Sache, desto weniger einheitlich und leicht zu erfassen. Aus der Perspektive mancher Bad Ischler oder Hallstätter, die sich selbst als die rechtmäßigen Ureinwohner des Salzkammerguts betrachten, ist es zum Beispiel durchaus fraglich, ob Gmunden am Traunsee oder Seewalchen am Attersee noch dazugehören. Von Gmunden aus betrachtet, ist diese Ansicht natürlich vollkommen abstrus. Die Grenzziehung im Salzkammergut ist jedenfalls eine komplizierte, teils historisch, teils fremdenverkehrsbedingte Angelegenheit. Je nachdem, wen man dazu befragt, bekommt man eine andere Antwort. Außerdem ist da noch die Aufteilung des Salzkammerguts auf die drei Bundesländer Oberösterreich, Salzburg und Steiermark. Dass das viel komplizierter ist, als es klingt, wird jedem schnell bewusst werden, der nur ein einziges

Mal versucht, den Ausführungen eines Einheimischen zu folgen, wo die Bundeslandgrenze zwischen den Wolfgangsee-Ortschaften St. Gilgen, Strobl und St. Wolfgang verläuft. Dazu wird intern auch noch fein zwischen „Oberlandlern" und „Unterlandlern" unterschieden, ebenso zwischen Innerem und Äußerem Salzkammergut sowie zwischen dem Ausseerland und allen übrigen Teilen des Salzkammerguts. Die Ebenseer beäugen die St. Wolfganger scheel und die Goiserer die Gosauer. Bemerkungen wie „Typisch Ebensee!" oder „So sind die in Aussee alle" gelten hier als Urteile, die jede weitere Diskussion überflüssig machen. Da fällt es auch nicht weiter als widersprüchlich auf, wenn ein – übrigens äußerst interessantes – Buch den Titel „Ein Lesebuch durchs Salzkammergut" trägt, um dann bis auf wenige Ausnahmen in erster Linie von Ausseerland Belangen zu handeln. So etwas kann leicht passieren, wenn man sich einmal auf einen ganz bestimmten Teil des Salzkammerguts eingeschworen hat und dieser einem zum Nabel der Welt geworden ist. Vielleicht sind die Salzkammergut-Stereotypen gerade deswegen so hartnäckig, weil die inneren Trennlinien so verworrene Verläufe haben und man sich darum – vor allem von außen betrachtet – nach einem einzigen Hut mit den ewig gleichen Federn sehnt, den man der ganzen Gegend überstülpen kann: Salz, Kaiser, Schnürlregen, Wetterfleck.

Nach jahrelanger teilnehmender Beobachtung schließe ich mich Hubertus Czernin an, der in seiner Nachbemerkung zu der von ihm herausgegebenen literarischen Salzkammergut-Anthologie geschrieben hat: „Wenn sich das Salzkammergut überhaupt definieren lässt, dann ausschließlich anhand seiner Gewässer." Die, die dort leben, und die, die dorthin reisen, haben – so viel kann ich mit einiger Gewissheit sagen – alle eine manifeste See-Fixierung.

Seit Jahren scheitere ich zum Beispiel daran, meine Bad Ischler Freunde hin und wieder an den Attersee zu locken. „Zu weit“, „zu umständlich“, „zu kalt“ oder „zahlt sich heute nicht mehr aus“, bekomme ich dann zu hören. Wenn sie an einen See wollen, dann fahren sie zum Wolfgangsee, der gerade einmal um fünf Kilometer näher liegt. Punkt, basta.

Auch ich selbst, die ich am Anfang noch einer gewissen Seen-Promiskuität gefrönt habe, pendle mich langsam auf meinen See ein: den Attersee. Ich stelle das mit Freude fest, weil ich es als Hinweis darauf deute, dass sich in mir – wiewohl ich eine Zugereiste bin – langsam das Salzkammerguthafte zu verfestigen beginnt. Schon jetzt prophezeien mir meine Wiener Freunde boshaft, dass ich in ein paar Jahren zum Dirndl greifen werde, das man hier in der Gegend der Authentizität wegen unbedingt „Dirndlgwand“ nennen sollte. Ich kann's mir nicht vorstellen, aber rund um mich bröckeln bereits die Vorsätze anderer Wahl-Salzkammergütler meiner Generation, die sich niemals, niemals trachtig anbiedern wollten, denn die Ersten lassen sich schon Lederhosen anmessen. Als ich voriges Jahr zu einer Trachtenhochzeit am Wolfgangsee eingeladen und modisch in größter Verlegenheit war, habe ich mir in meiner Verzweiflung im Ischler Trachten-Outlet ein rot-weiß kariertes Hemd und dazu ein trachtig angehauchtes Gilet in Grau gekauft. Als ich diesen Aufzug meiner Hallstätter Freundin Susi vorführte, zuckte sie sichtbar zusammen. „Ist es so schlimm?“, fragte ich irritiert. Susi wand sich ein bisschen. Dann sagte sie vorsichtig. „Rot-weiß karierte Hemden tragen im Salzkammergut nur die Wiener.“ „Ich bin ja auch eine Wienerin im Salzkammergut“, sagte ich und fühlte mich den Rest des Tages höchst lächerlich.

Der Trachten-Druck im Salzkammergut ist hoch. Aber ich bezweifle, dass man die Nonchalance, mit der hier Dirndlkleider und Lederhosen getragen werden, nachlernen kann, wenn man sie nicht mit der Muttermilch aufgesogen hat, und plädiere daher eigentlich für Abstinenz.

Doch zurück zu den Seen: Sie sind die Landmarken, anhand derer man sich am besten durchs Salzkammergut hanteln kann. Deshalb ist es günstig, sich einen Überblick über ihre Lage, vor allem über ihre Lage zueinander zu verschaffen. Den besten Überblick gewinnt man immer noch von oben. Da das Salzkammergut aus Seen und Bergen gemacht ist, gibt es immer irgendwo einen Gipfel, einen Hügel, eine Aussichtsstelle oder eine Bergstraßenkehre, von der aus man optimal in die Landschaft schauen kann.

Ich sammle seit einigen Jahren hinreißende Salzkammergutblicke. Damit erfinde ich natürlich das Rad nicht neu, denn dieser Leidenschaft hängen und hingen viele andere genauso an. Außerdem ist im Salzkammergut rasch ein atemberaubender Ausblick gefunden. Es ist hier einfach berückend schön.

Mein persönliches „Best-of-Salzkammergutblick" beginnt gleich, nachdem ich, aus Wien kommend, bei Regau von der Autobahn A1 in Richtung Gmunden abgefahren bin. In einer langen Linkskurve führt die Bundesstraße da von einer Anhöhe hinunter zum Traunsee. Überschreitet man einen gewissen Scheitelpunkt, öffnet sich ziemlich unvermittelt der Vorhang zu einem Panorama, das so eindrucksvoll ist, dass sich auch nach hundert Mal nicht der geringste Gewöhnungseffekt einstellt: unten der Traunsee, am nordöstlichen Seeende in einem Halbrund die kleine Stadt Gmunden, und im Hintergrund steigt der Traunstein in die Höhe – disproportional riesig, schroff, mit seinen nackten, gefurchten Steilwänden bis hinauf zum Gipfel. Die, die schon oben waren, sagen übereinstimmend, der Traunstein sei ein „Hatscher", also eine Tour, die einen in jedem Fall erschöpft zurücklässt, und wer nicht genug zum Trinken mithat, wird es fürchterlich bereuen, weil sich dort oben kein Bach findet.

Der Traunstein steht so isoliert und allein in der Landschaft, dass er an eine gigantische Festung in Berggestalt erinnert. Manchmal wirkt er grau, kalt und abweisend; dann wieder heiter und aufgeräumt – ein gemütlicher Gigant, der sich zu einer Pause von ein paar Milliarden Jahren niedergelassen hat. An den klaren Sommerabenden, wenn die Dämmerung in Orange- und Rosatönen in die Nacht übergeht, färben sich seine Flanken ebenfalls in warmen Pastelltönen ein und die glatte Seeoberfläche spiegelt ihn so vollkommen, dass man, wenn man es nicht wüsste, nicht sagen könnte, was der echte Berg und was sein Wasserbild ist. An anderen Tagen wiederum steht er unheimlich und düster in ausgefransten Nebelschwaden, der Übergang zwischen Seewasser und Fels verschwimmt in milchigem Weißgrau, und von Gmunden herauf, das
Handwerk 1 ebenso berühmt ist für seine **Keramik** wie es das für
Skurriles 2 sein wunderliches Sanitärmuseum **„Klo & So"** sein sollte, bemühen sich die Lichter der Stadt tapfer, ein wenig Helligkeit ins Dunkel zu bringen.

Es ist eine unzweifelhaft alpine Landschaft, und doch gibt es ein paar Ecken, wo sie auf einen Schlag – und natürlich beim richtigen Wetter – eine starke südliche Anmutung bekommt. Diese Behauptung kann ich beweisen. Man stelle sich einfach an einem warmen, sonnigen Spätnachmittag in Traunkirchen am Traunsee an die
Geschichte 3 dicke Umfriedung des **Friedhofs** und schaue Richtung Gmunden. Natürlich nicht, ohne vorher der Kirche mit

ihrer üppigen barocken Fischerkanzel und dem kleinen Friedhof selbst mit seinen schmiedeeisernen Kreuzen und seinem bunt blühenden Grabschmuck gebührende Beachtung geschenkt zu haben. Der Friedhof liegt direkt oberhalb des Sees. Da der ganze kleine Ort Traunkirchen zudem auf einer Halbinsel liegt, entsteht der Eindruck, man befände sich in der Seemitte. Beim Blick nach Gmunden weitet sich auf diese Weise der See so, dass man glaubt, eine gewaltige, sonnengleißende Meeresbucht vor sich zu haben, an deren Ufer das in der Ferne schimmernde Gmunden mit seiner Seepromenande wie ein mondäner Meereskurort wirkt.

Ein bisschen mehr anstrengen muss man sich für zwei weitere erstklassige Landschafts- und Seenblicke. Einen findet man im Ausseerland. Von der Ortschaft Grundlsee fährt man ein Stück hinauf zum Ausgangspunkt der Bergwanderung auf die **Trisselwand**. Nachdem man einige 4 Natur
Zeit durch den Wald hinaufgestiegen ist, erreicht man eine steile, steinige Bergflanke, auf der nur ein paar flache Latschen wachsen. Über sich in einiger Ferne erkennt man schon den Gipfel. Magisch anziehend wirkt aber etwas anderes. Schaut man nach rechts, hat man ohne jede Mühe den gesamten Grundlsee im Blick, schaut man nach links den gesamten Altausseersee. Man selbst steht dazwischen, kann sein Glück kaum fassen und fühlt sich, als wäre man eine der frei segelnden Dohlen mit ihren orange-farbenen Schnäbeln, die oben am Trisselwand-Gipfel direkt aus ihren halsbrecherischen Felsenflugmanövern heraus vor jedem jausnenden Wanderer landen und flatternd, hüpfend und pickend ihren Anteil einfordern. Man hat die fast perfekte Vogelperspektive, die sonst eben nur jene haben, die fliegen können oder so tun, als könnten sie es. Darunter übrigens auch ein örtlicher Dackel, der

K. u. k. Denkmal an der alten Traunsee-Bundesstraße, dahinter der Traunstein

unter die Drachenflieger gegangen war. Die Geschichte dazu ist mir schon einige Male erzählt worden: Für sein Leben gern begleitete der Dackel sein Herrl zum Drachenfliegen. Das Herrl hatte sich extra eine Vorrichtung einfallen lassen, mit deren Hilfe er den Dackel während des Fluges in einem Geschirr vorne an seiner Brust fixieren konnte. Nur für den Start musste der Dackel aus aerodynamischen oder anderen technischen Gründen kurzfristig auf dem Rücken seines Besitzers festgemacht werden. Einmal sicher in der Luft, fasste das Herrl nach hinten über seinen Kopf und zog den Hund nach vorne auf die Brust. Der Hund liebte das Vogelgefühl und mauserte sich im Lauf der Zeit zum passionierten Flieger. Doch dann kam der Tag, an dem Hund und Herrl sich wieder einmal oberhalb des Altausseersees, vom Loser aus, in die Lüfte erhoben. Wie üblich wanderte der Dackel für den Start nach hinten. Alles ging glatt. Das Herrl holte ihn nach vorne, um ihm wie gewohnt die ungetrübte Vogelperspektive zu ermöglichen, doch hatte das Herrl diesmal vergessen, das Dackelgeschirr ordentlich zu sichern. Der zur Brust genommene Dackel, den sein Herrl in Sicherheit wähnte, war also völlig ungesichert und stürzte ungebremst im freien Fall in den Altausseersee. Es heißt, vom Dackel sei weder etwas übrig geblieben noch je etwas gefunden worden. Und es heißt auch, sein Herrl sei seit dem Unglückstag nicht mehr ganz der Alte. Der neue Familienhund geht jedenfalls nicht mehr mit zum Fliegen, und wenn er nicht gehorcht, sagen die Kinder vom Herrl zu ihm: „Brav sein, sonst musst du mit dem Papa zum Drachenfliegen!“ Auch im Salzkammergut ist die Jugend grausam!

Dieser traurigen Geschichte muss sofort ein Gegengewicht entgegengehalten werden, nämlich in Form eines Fernblicks, der umso erstaunlicher ist, als er von kaum

Natur 5 800 Metern Höhe möglich ist. Die Rede ist vom **Jainzen**, einem der Bad Ischler Haus-Bergerl und wie alle diese selbstverständlich ehemals auch ein Lieblingsausflugsziel der Kaiserin Sisi. Von unten, von Bad Ischl aus, schaut der Jainzen kaum beeindruckend aus – nichts als eine höhere, dicht bewaldete, rundliche Kuppe, die sich gleich hinter der Kaiservilla erhebt. Doch dann geht es erstaunlich steil ein gutes halbes bis dreiviertel Stündchen bergauf. Oben wird der unerwartet ausgebrochene Schweiß belohnt, denn der Jainzen liegt genau am Schnittpunkt zweier im rechten Winkel zueinander stehender Täler. Von seinem Gipfel aus sieht man westwärts über 15 Kilometer weit den Lauf der Ischl entlang bis nach Strobl am Wolfgangsee und südwärts den Lauf der Traun flussaufwärts über ganz Bad Ischl bis Lauffen und zu den Bergen oberhalb von Hallstatt und Bad Goisern.

Ein optimaler Panoramablick auf den Wolfgangsee erwartet alle,
Natur 6 die von Abersee aus auf die **Bleckwandhütte** wandern. Nur die Ehrgeizigen gehen wirklich direkt vom Seeniveau aus bis dorthin, die anderen legen einen großen Teil der gewundenen Mautstraße mit dem Auto zurück, parken auf 1200 Metern Höhe auf dem Parkplatz Bleckwandhütte und schlagen sich dann linkerhand ins Gelände, wo sie nur mehr eine halbstündige, gemütliche, wenn auch steile Waldwanderung bis hinauf zur Hütte erwartet. Dort serviert der Wirt einen spektakulären Kaiserschmarren, und wenn er hochsommers bei Laune ist, händigt er einem einen kleinen Becher aus und man kann direkt im Wald neben der Hütte Schwarzbeeren sammeln, mit denen er den Schmarren noch verfeinert.

Einen sehr schönen, wenn auch flachwinkeligen Blick auf den Attersee werfen Bequeme einfach von einer Bank
Natur 7 aus, auf der **Friedrich Gulda** viel gesessen ist. Eines sei-

ner zahlreichen Bankerl des Vertrauens in und um Steinbach steht an einem Weg oberhalb einer flachen Wiese, die zum See hinunterführt. Ein paar Schritte weiter steht ein kleines Marterl, das Bankerl hat betonierte Steher und eine aus dicken Holzbrettern gemachte Sitzfläche und Lehne. Gulda, ein beinah ebenso leidenschaftlicher Wahl-Steinbacher wie Musiker, saß dort oft und schaute über den See und über die Landschaft.

Und dann sind da noch die **„Five Fingers“**. Das klingt modern und ist es auch. Manche sagen, die „Five Fingers“ seien einer der spektakulärsten Aussichtspunkte der Alpen. Auch wenn man vor solchen lautstark besungenen Superlativen zurückschreckt, kann man sich der Bestätigung der Behauptung kaum erwehren, wenn man unterhalb des Krippenstein-Gipfels auf einem der fünf Stege steht, die acht Meter über einen Abgrund von mehr als 400 Metern Höhe hinausragen. Wie die Finger einer Hand recken sich die Stege ins Nichts, einer hat einen Glasboden, den zu betreten einige Überwindung kostet. Ein zweiter hat ein Loch im Boden und lässt einen direkt in den Abgrund schauen. Jenseits des Halsbrecherischen der Konstruktion selbst ist es aber vor allem die Kulisse, die sich vor einem auftut, die ganz und gar unvergleichlich ist. Aus 2000 Metern Höhe schaut man hinunter in die Weltkulturerbelandschaft des Hallstättersees mitsamt Hallstatt, das von hier oben erst recht wie ein an den Fels geklebtes Schwalbennest aussieht. Dreht man sich um, hat man den Dachsteingletscher direkt vor der Nase. Man steht ihm gleichsam auf Augenhöhe gegenüber, denn näher als vom Krippenstein aus, den man ohne jede Anstrengung via Seilbahn erreichen kann, werden die meisten von uns dem Gletschermassiv des Dachsteins niemals kommen.

8 Natur

Schwarzbeerschmarren

Der Kaiserschmarren, heißt es, wurde von einer Hüttenwirtin spontan erfunden, als diese dem überraschend aufgetauchten Kaiser ein schnelles Mahl zubereiten sollte. Hier eine Variante mit Schwarzbeeren – wie sie Glückliche ähnlich auch auf der Bleckwandhütte serviert bekommen.

* 6 Eier
* 100 g glattes Mehl
* 1/4 l Milch
* 4 EL Kristallzucker
* 2 Handvoll Schwarzbeeren (und zwar im Wald gepflückte und keine gezüchteten)
* 2 EL Rum
* 1 TL Vanillezucker
* Butter

***

Die Eidotter vom Eiklar trennen. Die Dotter mit Mehl, Milch und Vanillezucker verrühren. Das Eiklar mit dem Kristallzucker und einer Prise Salz zu einem festen Schnee schlagen und durch vorsichtiges Unterheben mit dem Teig vermengen.
Das Backrohr auf ca. 200 Grad vorheizen. Währenddessen Butter in einer Pfanne – vor dem Anbrennen schützt am besten eine beschichtete Pfanne – erhitzen, die Masse hineingießen und mit den Schwarzbeeren bestreuen. Sobald der Teig angebacken ist, ins vorgeheizte Backrohr stellen und den Schmarren fertigbacken. Das dauert ca. 10 Minuten.

Fertig ist der Schmarren, wenn er oben schön braun ist. Herausnehmen, mit zwei Gabeln in kleine Stücke reißen und mit etwas Staubzucker bestreuen.

Bis auf die Knochen

Hallstatt: Von einem wehrhaften Völkchen mit 7000 Jahren Geschichte, zahlreichen Feldstechern, Totenschädeln, Hechtköpfen und einem hoch entwickelten Kommunengeist.

Den Hallstättern bleibt nichts verborgen. Das liegt an der räumlichen Enge und an der Zahl der Feldstecher. Die historischen Holz-Stein-Häuser kleben an der Flanke des Salzbergs wie Schwalbennester. Dicht an dicht und ineinander verschachtelt, stapeln sie sich den Hang hinauf, im Rücken den Berg, vor sich den See, jenseits davon wieder Berge. Das stetige Auf und Ab des Lebens ist in Hallstatt eine durch ständiges Stufensteigen von Kindheit an in den Körper eingeschriebene Gewissheit. Mit dem Selbstbewusstsein von Menschen, die nach neuesten wissenschaftlichen Erkenntnissen nicht auf 4000, sondern auf 7000 Jahre Hallstatt-Kultur zurückblicken, beobachten die Hallstätter das Treiben in ihren schmalen, gewundenen Gassen und am Seeufer. Es ist eine wunderliche Konstellation: Ein paar Hundert Hallstättern stehen Abertausende Besucher aus aller Herren Länder gegenüber, die

Natur 9 von der Besonderheit des Orts, den **historischen Salz-**
Kultur 10 **stollen** und den Gräberfeldern der **Hallstatt-Kultur** auf dem Salzberg angelockt werden. Die Besucher kommen für einen Tag, strömen aus Autos und Bussen oder vom Fährschiff an der Anlegestelle. Als Weltkulturerbeort ist Hallstatt mit seinem dunklen See und seinem geschichtsträchtigen Salzberg eine Station ihrer rasenden „Europe-in-ten-days"-Touren.

Die meisten wissen nicht, mit welch wehrhaftem Völkchen sie sich einlassen, wenn sie Hallstatt betreten. Erst kürzlich haben die Bewohner von Hallstatt, gleich einer gallischen Trutzburg, eine wichtige Schlacht für sich entschieden. Denn im Jahr 2010 stieß das Bundesdenkmalamt mit seinem Ansinnen, 150 Häuser im Ortskern unter Ensembleschutz zu stellen, bei ihnen auf erbitterten Widerstand. Die Hallstätter, die eine Wertminderung ihrer Häuser und massive Eingriffe in ihre Privatrechte fürchteten, legten sich quer, gründeten eine Bürgerinitiative, sammelten in und um Hallstatt Tausende Unterschriften gegen die Pläne des Denkmalschutzes und erreichten, dass von Ensembleschutz vorerst keine Rede mehr ist. Über Monate zierten Anti-Denkmalschutz-Transparente die historischen Hausfassaden, und auch japanischen Ehepaaren, arabischen Familien oder Gruppen laut schwatzender amerikanischer Teenager konnte es passieren, dass sie Flugblätter in die Hand gedrückt bekamen, die sie über Unmut und Ziele der Hallstätter aufklärten. Einem so vehementen „kollektiven Widerstand" sei er noch nirgendwo begegnet, meinte der oberösterreichische Landeskonservator, staunte über die „Psychologie des Ortes" und musste sich schließlich doch anstelle des Ensembleschutzes mit der Beteiligung an der gemeinsamen Erarbeitung eines „Weltkulturerbe-Entwicklungsplans" zufriedengeben.

Während der Hauptsaison kann man nur mit Genehmigung und zu bestimmten Zeiten mit dem Auto nach Hallstatt hineinfahren. Oberhalb des Orts, am Ortsende und schon einige Kilometer vor Hallstatt gibt es riesige, eigens eingerichtete Parkplätze, deren schiere Zahl nur schwer mit der geringen Fläche Hallstatts in Einklang zu bringen ist. Und doch sind sie an vielen Sommertagen überfüllt. Von so einem Parkplatz oberhalb von Hallstatt stieg ich an einem sonnigen Frühsommertag gemeinsam mit meinem Bruder Dutzende Stiegen hinunter ans Ufer. Der See lag wie ein glatter, schwarzgrüner Spiegel vor uns, vom Gipfel des Krippensteins leuchtete es schneeweiß und es glitzerte. Wir standen am Zaun eines winzigen, von einem hölzernen Bootshaus flankierten Parkplatzes direkt am See und streichelten eine Katze, die auf einem Autodach saß. Ich erzählte meinem Bruder von der kleinen Leidenschaft der Hallstätter für feldstecherbewehrte Umgebungsbeobachtung. Und vom Entsetzen eines Freundes vom Wolfgangsee, der in seiner Jugend eine Hallstätter Freundin zum heimlichen Stelldichein im Rahmen einer Ruderpartie auf dem See eingeladen hatte. Jahre später wurde ihm mitgeteilt, dass er sich völlig zu Unrecht weit draußen auf dem See unbeobachtet gefühlt hatte. Wir lachten. Im Lachen drehten wir uns zurück zur Häuserfront in unserem Rücken und sahen aus dem Augenwinkel, wie zwei Menschen einen Vorhang zurückschwingen ließen, hinter dem sie gerade noch hervorgelugt hatten.

In Hallstatt kennt jeder jeden und glaubt jeder, alles über alle anderen zu wissen. Für Nicht-Einheimische klingt das beklemmend. Im Salzkammergut heißt es, man müsse schon aus Hallstatt stammen, um in Hallstatt leben zu können. Meine Freundin Susi ist aus Hallstatt. Auch wenn sie inzwischen nicht mehr dort, sondern 20 Kilometer entfernt lebt, kann sie sich durchaus vorstellen, irgendwann einmal wieder zurückzugehen. Schon allein, weil „meine Leit“ dort leben. Mit „Leit“ sind übrigens durchaus nicht, wie ich in meiner Zugereisten-Naivität anfangs dachte, die Leute gemeint, mit denen man auf einer Wellenlänge ist, oder alle Freunde und Verwandten, sondern schlicht und einfach die Eltern.

Wenn Susi von ihrer Hallstätter Kindheit und Jugend erzählt, könnte man meinen, in Hallstatt habe immer schon ein hochentwickelter Kommunengeist geherrscht, nämlich der des Salinenarbeitermilieus. Eine bäuerliche Kultur wie anderswo in entlegenen Tälern gab es nicht. Die Hallstätter, könnte man sagen, haben Jahrhunderte, wenn nicht Jahrtausende Vorsprung, was die Organisation eines von einer zunehmend selbstbewussten Arbeiterschaft geprägten Gemeinschaftssystems anlangt. Quasi ein Mikrokosmos ruraler, nicht großstädtischer Arbeiterbewegung, die noch dazu und trotz der isolierten geografischen Lage von jeher – nämlich durch den Salzhandel – an einen regen Austausch mit der Außenwelt gewöhnt war. Es wurde viel zusammengesessen und geredet. Die Kinder setzten sich dort zum Essen an den Tisch, wo sie gerade waren. Das musste nicht unbedingt zu Hause sein. Stets hatte man auch die Kinder der anderen im Auge. Viele der Väter arbeiteten in der Saline im Schichtdienst. Oft kamen sie schon am frühen Nachmittag von der Arbeit. Den Rest des Tages verbrachten sie mit Zusammensitzen; daheim am Küchentisch, im Gastgarten, in der Wirtsstube oder vor der Bootshütte am See. Luxus gab es wenig, dafür jede Menge Zeit – und auch Salz. Lange Zeit wurde die Tradition gepflegt, den Salinenangestellten zu ihrem Gehalt einen kleinen Naturallohn in Form von Salz zu geben.

Das Haus, in dessen einem Geschoß Susi mitsamt ihren Eltern und Schwestern ihre Kindheit und Jugend verbrachte, ist winzig. Kaum mehr als ein niedriger Raum. Susi erinnert sich nicht, dass sie diese Enge gestört hätte. Alle in Hallstatt wohnten mehr oder weniger so. Daran ist nichts ungewöhnlich. Auch dass der Ortskern von Hallstatt im Winter einige Monate lang auch bei noch so blauem Himmel von keinem einzigen Sonnenstrahl berührt wird, sondern in eisigem Schatten liegt, ist für sie keiner besonderen Erwähnung wert. So ist es hier eben. Im Winter kommt die Sonne einfach nicht so weit über die Berge hinauf, dass sie bis Hallstatt strahlen könnte. Allerdings hat Susi eine ausgeprägte und völlig aus der Mode geratene Freude am hemmungslosen Sonnenbaden entwickelt. Der erste warme Sonnenstrahl im Frühling schon streckt sie sich genüsslich im Liegestuhl aus und hält das Gesicht in die Wärme. Vielleicht ist das eine Kompensation früheren Hallstätter Lichtmangels.

Susi ist außerdem eine begnadete Gärtnerin – außerhalb von Hallstatt. In Hallstatt selbst ist das eine Leidenschaft, der man aufgrund der räumlichen Enge nur in Form von Balkonkistchen oder winzigen Fleckchen Erde nachgehen kann. Das verhältnismäßig reichste gärtnerische Betätigungsfeld bieten die Gräber des kleinen katholischen Friedhofs. Als Kind begleitete Susi ihre Großmutter dorthin. Während die Großmutter sich an der Grab-Bepflanzung zu schaffen machte, spielte Susi zwischen den schmiedeeisernen Kreuzen. Nicht selten dienten ihr dabei kleine Knöchelchen, auf die sie beim Herumwühlen in ausgehobenen Erdhügeln gestoßen war, als Spielzeug. Auch auf dem Friedhof herrscht Enge. „In Hallstatt, wo schon der Platz für die Lebenden so knapp ist, bleibt den Toten nur eine gemauerte Terrasse, ein steinernes, mit Lehmerde gefülltes Nest im Schatten der katholischen Pfarrkirche“, schreibt Christoph Ransmayr in seiner berühmten Reportage „Die ersten Jahre der Ewigkeit – Der Totengräber von Hallstatt“ aus dem Jahr 1988. Viel Spielraum bietet der hoch über dem See gelegene Friedhof, von dem aus man in Gesellschaft aller Toten den herrlichsten Blick in die Landschaft hat, tatsächlich nicht. Deshalb verfielen die Hallstätter schon vor mehr als vierhundert Jahren auf eine platzsparende Methode des Umgangs mit ihren Verstorbenen und wurden für dieses gleichermaßen makabre wie beeindruckende Memento mori weltberühmt: An die eintausendzweihundert Schädel von verstorbenen Hallstättern sind im ursprünglich aus dem 16. Jahrhundert stammenden Beinhaus der katholischen Kirche, die ihrerseits einen wunderschönen spätgotischen Flügelaltar beherbergt, umsichtig übereinandergestapelt. Einzigartig ist der **Karner** von Hallstatt nicht nur, weil die dort gelagerten Totenschädel bemalt sind – ein Brauch, der hier um das Jahr 1720 begann –, sondern auch, weil die Gebeine ganzer Generationen vollständig aufbewahrt werden. Durch ein schmiedeeisernes Gitter schaut man hinein in den kleinen Gewölberaum des Karners, in dem neben den Schädeln auch Schienbeine und Arm- und Beinknochen an drei Wänden fein säuberlich eingeordnet liegen. Aus hohlen Augen schauen die bleichen Schädel, auf ihrer Stirn sind Blatt- und Blütengirlanden gemalt. Zehn bis zwanzig Jahre nach ihrem Tod wurden die Verstorbenen exhumiert, ihre Schädel und Knochen gereinigt, in Sonnen- und Mondlicht gebleicht und schließlich verziert – traditionellerweise von den eigenen Nachkommen. Name, Geburts- und Sterbedatum der Toten liest man in Frakturschrift, dazu ziert üblicherweise gemaltes Eichenlaub und Efeu den bleichen

Geschichte 11

Schädelstirnknochen der Männer sowie Blütenkränze den der Frauen. Die jüngsten dieser bemalten Schädel stammen aus der zweiten Hälfte des 20. Jahrhunderts. Einer davon sieht aus, als hätten Anhänger der Hell's Angels ihn mit dunkelblauen Tattoo-Flammen dekoriert. Inzwischen ist die Tradition im Begriff vollends einzuschlafen, obwohl die Beisetzung eines Schädels im Beinhaus auf ausdrücklichen Wunsch nach wie vor möglich ist. Vielleicht aber macht die Abwanderung vieler junger Hallstätter die Frage der Platzbeschaffung für nachrückende Tote weniger dringlich.

Dass die Hallstätter aber insgesamt eine besondere Neigung zur Ausstellung von Totenschädeln haben dürften, beweist auch die Fassade des ✷ **Gasthofs Zauner Seewirt**, der zu den allerersten Adressen des Salzkammerguts in Sachen Fischküche gehört und der für seine Seefischzubereitungen allseits gelobt wird. Eine komplette, bis auf die nadelspitzen Zahnreihen bewaffnete Legion großer, präparierter Hechtköpfe schaut einen dort von einer Seitenfassadenwand aus an. Auf den ersten Blick wirkt das Arrangement so, als wären die Hechte von der Innenseite des Hauses aus durch die Wand nach außen geschoben worden und auf halbem Wege einfach stecken geblieben – ein Teil noch drinnen, der andere schon im Freien. Es ist ein eindrucksvoller Anblick. Wer je mit jemandem, der sich fürs Fischen interessiert, an dieser Stelle von Hallstatt vorbeizugehen versucht hat, weiß, dass das Bestaunen der Fischkopfparade sehr viel Zeit in Anspruch nehmen kann, in deren Verlauf außerdem sehr viel Fischerlatein aufgetischt wird. Ungefähr so, wie wenn man mit einem Kind eine Baustelle voller Schubraupen, Bagger und Kräne passiert. 12 Skurriles

Klare Suppe von Süßwasserfischen

Ein Rezept, das perfekt zum Hallstättersee und seiner langen Fischfangtradition passt, ist das folgende:

Für die Basissuppe:

* 500 g Fischkarkassen von Süßwasserfischen (Forelle, SaiblingZander, Barsch, Hecht, etc.)
* 1,5 l Wasser
* Bund Wurzelgemüse plus Stangensellerie und Fenchel
* 2 Lorbeerblätter
* Pfefferkörner
* Wacholder im Ganzen
* Salz

Für die Einlage:

* ca. 500 g Filets von Süßwasserfischen
* Julienne geschnittenes Wurzelgemüse
* einige Safranfäden
* Fenchelkraut
* Noilly-Prat

***

Alle Zutaten in einen Topf geben und mit 1,5 l kaltem Wasser aufgießen. Zum Kochen bringen und etwa 20 bis 30 Minuten ganz leicht köcheln lassen.
Durch ein feines Sieb abseihen und beiseite stellen.

Das julienne geschnittene Wurzelgemüse in einem neuen Topf in Wasser weichkochen und abgießen.

Die Fischfilets in drei Zentimeter breite, schräge Streifen schneiden, die Basissuppe wieder erhitzen, die Safranfäden dazugeben und mit etwas Noilly-Prat und Salz abschmecken. Danach die Gemüsestreifen dazugeben.

Die Fischfilets in die nicht mehr kochende, aber heiße Suppe einlegen und gar ziehen lassen. Mit etwas gehacktem Fenchelkraut bestreuen und servieren.

„Ach, die paar Schwanzln“

Am Attersee: Von Rosenwind und Sommertürkis, Fischergeschichten und Bootsfahrten, warum Untertreibung eine Art ist, sich vor Kollegen bedeckt zu halten, und von einem Besuch beim Berufsfischer und Schriftsteller Hans Eichhorn.

Im Sommer nimmt das Wasser des Attersees einen fantastischen türkisen Farbton an. Dieses Türkis ist gleichzeitig dicht und transparent und strahlt, als wäre es von innen beleuchtet. Der Kontrast zu den giftgrünen Wiesen und moosig grünen Wäldern rundum ist manchmal so stark, dass man den Eindruck bekommt, jemand hätte den See künstlich eingefärbt. So türkis ist keiner der anderen Salzkammergutseen, schon gar nicht einer von den großen und tiefen, zu denen der Attersee mit seinen bis zu 171 Metern Tiefe gehört. Das Phänomen, das für das sagenhafte Türkis verantwortlich ist, erklärt Hans Eichhorn, trage den nüchternen Namen biogene Entkalkung: „Ab einer bestimmten Wassertemperatur löst das Seewasser Kalkpartikel aus den umliegenden Gesteinen und schwemmt sie in den See. In Kombination mit dem

Einfallswinkel der Sonne ergibt das jene türkise Sommerfarbe, für die der Attersee so gerühmt wird."

Hans Eichhorn hat dieses Türkis Tausende Male gesehen. Er lebt am See, auf dem See und vom See. Hans Eichhorn ist Fischer. Und er ist Schriftsteller. Die Fischerei nimmt ihn von Mitte April bis Weihnachten in Beschlag. Er fischt Saiblinge, Reinanken, Hechte, Aale. Nur machmal sitzt er auch im Sommer bei Sonnenaufgang am See und „notiert". Idyllisch muss man sich sein Fischerleben ebensowenig vorstellen, wie sein Schreiben etwas mit Fischerromantik zu tun hat. „Es ist anstrengend genug, ich will es nicht überhöhen", sagt er. „Seit 1750 heißt dieses Haus schon Eichhorn-Fischerhaus", erzählt er und macht eine raumgreifende Geste, die das ganze, in den Hang gebaute Gebäude am Ortsende von Attersee einschließt. Eichhorn, der sein Theologiestudium in Salzburg nicht beendet hat, trat in die Fußstapfen seiner Vorfahren. Schon sein Vater, Großvater und Urgroßvater waren Fischer am Attersee. Inzwischen bereitet es ihm keine Probleme mehr, seine beiden Lebenswelten in Einklang miteinander zu bringen. Auch dass die Medien das Leben des dichtenden Fischers gern idyllisieren, stört ihn nicht mehr: „Wenn ich deswegen ein paar Bücher mehr verkaufe, soll es mir recht sein."

Es ist ein Sonntag im späten Hochsommer. Der Morgen ist kühl, über das Grau-Türkis des Attersees ziehen helle Wolkenbänke, hinter denen sich die Sonne ums Durchkommen müht. In Wolken versteckt liegen auch die Gipfel des Höllengebirges am anderen Seeufer, an deren Fuß, im Steinbacher Ortsteil Seefeld, das **Komponierhäuschen** des störungsempfindlichen sommerfrischelnden Gustav Mahler mitsamt Klavier und historischem Brief- und Bildmaterial inzwischen alles andere als mut-

Kultur 13

terseelenallein auf einer Seewiese mit Campingplatzhintergrund seine musikaffinen Besucher erwartet. Hier schrieb Mahler in den Sommermonaten der Jahre 1893 bis 1896 große Teile seiner Zweiten und Dritten Symphonie.

Gegenüber, in Attersee, gibt es im großen Wohnraum unterm Dach des Eichhorn'schen Hauses Frühstück. Eichhorns jüngster Gedichtband heißt „Logenplatz". Gemeint ist damit der Balkon hier am elterlichen Fischerhaus, wo er in der Früh gerne sitzt, auf den Attersee schaut und Gedichte wie dieses schreibt:

Fliehende Wolken im Ausschnitt des Dachgiebels,
die Kirschbaumblätter jetzt, Mitte Juli, bereits angefärbt.

Die kalte Luft, der fein zerstäubte Regen an den bloßen Füßen.
Grelle Blitzlichter über den Bergen. Apfelbaum im Seegarten,

abgebrochene Äste, verstümmelt, behauptet sich. Willst dich
von der Käseglocke Regen zur Sprache bringen lassen, willst

Stockentengezockel und Flechtenbewuchs der Lärchenbalkonbretter, willst Marienkäferflug hoch oben im Grau und das

behäbige Winken des Kirschbaumgeästes. Die verschlissenen
Korbsessel sind bereit. Das erwachende, noch schmutziggraue

Wassertürkis ist bereit. Mit der Sicherheitsfrage wird
Wahlkampf gemacht. Mit den schaukelnden Segelbooten

wird Stimmung vermittelt. Die wildgewordenen Gesänge der
Vögel drücken das Regenwasser durch den Erdkeller bis in

Garage und Heizraum. Sommermorgen galoppiert den Parcours
aus. Unter dem Dach rumoren die Siebenschläfer.

Der Fischer Hans Eichhorn ist ein Dichter, dessen Schreiben fest in seiner Lebenswelt wurzelt und der die Alltagsgegenstände und -beobachtungen, die sein Thema sind, durch eine auf Volldampf arbeitende Sprachexperimentiermaschine dreht. „Was die Sinne einfahren, gehört zerlegt, verdaut. Stoffwechsel. Bloß Hineinstopfen macht ‚ausgefressen'", hat er einmal geschrieben. Eichhorn schreibt hochartifizielle Literatur, Texte, die immer wieder auch ihr eigenes Entstehen behandeln. Ständiges Infragestellen und Selbstbefragung zeichnen sie aus. „Zu meiner eigenen Sprache zu kommen und mir meine Welt zusammenzubuchstabieren, war mir ein existenzielles Anliegen", sagt er.

Hans Eichhorns Frau Elisabeth füllt die Teetassen. Irgendetwas sagt mir, dass es der Rücksicht auf uns, seine Besucher, geschuldet ist, dass der heutige Fischzug, zu dem wir Hans Eichhorn begleiten, nicht gleich in aller Früh begonnen hat. Er erzählt von seinem Vater. Der war Zimmermann, Fischer und Kleinhäusler mit zwei Kühen. „Wie diese Sommer waren, kann man sich gar nicht mehr vorstellen", sagt er. Zu nachtschlafender Zeit brach der Vater zum Fischen auf, danach kam das Futtermähen für die Kühe am Hang, und um sieben war er in der Arbeit. Egal, wie erfolgreich ein Fischtag war, immer habe er nur wegwerfend gesagt: „Ach, die paar Schwanzln." Das, erklärt Elisabeth Eichhorn lachend, sei der Unterschied zwischen Berufs- und Sportfischern. Die einen untertreiben ihre Fangerfolge, die anderen übertreiben sie. Natürlich sei ersteres auch eine Art, mit der sich Berufsfischer vor ihren Kollegen bedeckt halten. Zwar besitzt wohl jeder hier am Attersee sein eigenes Fischereirecht. Gefischt wird aber gemeinsam in einem großen Revier. „Im Fall Attersee-Nussdorf geht das Revier von der Litzlberger Halbinsel bis zur Seemitte in einer gedachten Linie zur Weyregger Kirche am anderen Seeufer und nach Süden bis Attersee", erklärt Hans Eichhorn. In diesem Gebiet gibt es 33 Rechte. Theoretisch könnte jeder überall fischen, tatsächlich fischt aber jeder an ihm angestammten Plätzen und pfuscht nicht in den Traditionsgebieten der anderen herum. Er behält sie nur im Auge. Wenn Hans Eichhorns Vater mit seiner Schwiegertochter Elisabeth ausfuhr, sagte er jedes Mal Dinge wie „Aha, da ist er heut, der Schorsch!" oder „Hast du den Schorsch heut schon gesehen?" oder „Was macht er denn dort, der Schorsch?" Schorsch, das war der alte Georg Lechner, ein Berufsfischerkollege von Hans Eichhorns Vater.

Gemeinsam mit den Fischerkollegen seiner eigenen Generation sitzt Hans Eichhorn in der Woche zuvor auf dem Podium der bis auf den letzten Platz gefüllten Atterseehalle in Attersee und präsentiert ein neues Buch, das er gemeinsam mit dem Fotografen Klaus Costadedoi gemacht und verlegt hat, den Bildtextband „attersee fisch fang – beruf und leidenschaft". Die Buchpräsentation gleicht einem Gipfeltreffen der Berufsfischer des Attersees, die ihr Publikum gelassen, bereitwillig und freundlich über Wesen, Ziele und Geschichte ihres Standes informieren. Es ist die Rede von Fischereirechten und Revieren, von Brutanlagen und Laichfischerei, von Massen von Aalen, gelegentlichen Vorkommen von Signalkrebsen und von der großen Teichmuschel, die man nur mehr äußerst selten zu Gesicht bekommt. Sepp Lechner aus Weyregg klärt darüber auf, dass es der Reinanke und nicht die Reinanke heiße und selbiger der Hauptfisch des Berufsfischers am Attersee sei. Georg Lechner spricht vom Hecht als der „Polizei im See", **Sepp Scheichl** aus Unterach erzählt vom Saibling, dem zweitwichtigsten Fisch 14 Kulinarik

Der Fischer und Schriftsteller Hans Eichhorn auf Fischfang auf dem Attersee

für die Berufsfischer, der in 60 bis 120 Metern Tiefe gefischt wird: „Es ist mühsam, ihn raufzuholen, aber lustig, wenn viel im Netz ist." Üblicherweise, sagt er, gäbe es in Jahren mit vielen Saiblingen weniger Reinanken und umgekehrt. Die Seeforelle nennt Gerald Staufer aus Attersee „die Königin des Attersees", wo sie außerdem größer wird als in den umliegenden Gewässern, wiewohl sie sich auch hier inzwischen rar gemacht hat. „Früher hat man von Exemplaren gehört, die bis zu 30 Kilo schwer waren", erzählt Staufer und fügt hinzu: „Ich habe einmal eine 15,8 Kilo schwere Seeforelle gefangen." Staufer berichtet auch von den Fischtechniken mit Schwebnetz und Grundnetz und davon, dass früher noch mit Baumwollnetzen gefischt wurde, die schwer und unhandlich waren und nach dem Fischen zum Trocknen aufgehängt werden mussten. Die erste, die – von den Kollegen äußerst skeptisch beäugt – mit Nylonnetzen fischte, war die „Fischer-Pepi". „Sie war eine der wenigen Erwerbsfischerinnen", erinnert sich ihr Sohn **Horst Ecker**, „als vierjähriger Bub habe ich schon mithelfen müssen. Ich habe gerudert, während sie die Netze ausgelegt hat. Als sie das erste Mal mit Nylonnetz gefischt hat, hatte sie gleich beim ersten Fang 135 Fische im Netz. Sie hat ununterbrochen Netze geknüpft. Damals gab es die noch nicht zu kaufen, also hat sie jeder selber geknüpft. Nach ihren Erfolgen wollten dann auch andere mit Nylon fischen."

15 Kulinarik

Und natürlich ist an diesem Abend auch die Rede von der Fischräucherei. „Wir sind alle vom alten Schlag und räuchern mit Buchenholz und Sagscharten, nicht elektrisch", sagt Sepp Scheichl aus Unterach. Mit rosiger Räucherfischbutter bestrichene Brote und geräucherte bronzefarbene Reinanken- und schwarzglänzende Aalhappen bestücken das Buffet. Außerdem liest Hans Eichhorn eines seiner „Logenplatz"-Gedichte vor. Seine Kollegen hören vage lächelnd zu. Ein bisschen wirkt es, als würden sie sich denken: „Der Hans, was er da immer zusammenschreibt! Aber einer von uns ist er doch."

Als wir nach dem Frühstück in Hans Eichhorns lange, hölzerne Zille steigen, sind die Wolken aufgerissen und machen hier und da einen fahlblauen Himmel und eine blasse Sonne sichtbar. Der Wind pfeift leise und kräuselt das Wasser zu kleinen Wellen. Wir fragen Hans Eichhorn nach einem anderen Wind, der für den Attersee typisch ist: der Rosenwind. Das ist ein heftiger Schönwetterwind, der am späteren Nachmittag einfällt, drei, vier Stunden bläst und gegen Abend wieder zur Ruhe kommt. Drei Theorien gibt es dazu, wie der Rosenwind zu seinem Namen kommt, erzählt Hans Eichhorn. Nach der ersten verdankt er seinen Namen dem Umstand, dass er den Duft der Rosen aus der Umgebung von Schloss Kammer in Schörfling über den See trägt. Nach der zweiten kommt Rosenwind einfach von einer dialektalen Verballhornung eines „rasenden Winds" und nach der dritten, unwahrscheinlichsten These soll er mit dem Wort Rasen zu tun haben, weil der durch den Wind aufgepeitschte See wie eine Rasenfläche mit wild durcheinanderstehenden Grasbüscheln aussieht.

Hans Eichhorn trägt jetzt hohe olivgrüne Stiefel. Die Schwebnetze für den Saiblingsfang liegen in großen Plastikcontainern auf dem Boden des Boots, als wir mit leisem Motor zügig auf den See hinausschnurren, in Richtung der Bojen, die die Lage seiner bereits ausgeworfenen Netze markieren. Eine nach der anderen fahren wir die drei Bojen ab und holen die Netze ein. Einer am Ruder, um das Boot in seiner Position zu stabilisieren, der Zweite zieht nach Hans Eichhorns ruhigen, zielsicheren

Anweisungen mit ihm die Schwebnetze an Bord, in deren feinen Maschen sich die Saiblinge heillos verfangen haben. Mit jedem Zug am Netz kommen mehr von ihnen in Sicht. „Gar nicht schlecht“, sagt Hans Eichhorn zufrieden, als wir das dritte Netz an Bord haben.

Zurück beim Bootshaus sitzen wir mit blutigen, glitschigen Fingern zu dritt im Boot, winden die kleinen Fischleiber aus den Nylonmaschen und nehmen sie aus. Auf einmal fragt Hans Eichhorn unvermittelt: „Nur sie hat gegrüßt, er nicht, oder?“ Im ersten Moment ist nicht ganz klar, worauf er sich bezieht. Dann fällt der Groschen: Es geht um das Boot, das draußen am See an uns vorbeigefahren ist. Darauf eine Frau und ein Mann, der seit Kurzem auch ein Fischereirecht im Revier hat und dort Hecht fischt, wo Hans Eichhorn auch immer gefischt hat. Jetzt wird es klar. Auch Hans Eichhorn, der Schriftsteller, ist ein Fischer, der andere Fischer und ihr Verhalten stets im Auge behält.

Räucherfisch

Dieses Rezept setzt entweder den Besitz eines kleinen Räucherofens oder einer Räuchertonne voraus. Die Zartheit und Schmackhaftigkeit des geräucherten Fischfleischs lohnt aber auf jeden Fall die Mühe.

* 4 Forellen, Saiblinge oder Reinanken im Ganzen à ca. 300 g
* 3,5 l Wasser
* 480 g Salz
* 3 Handvoll Räuchermehl (fein gehackte Buchenspäne)

***

480 g Salz in 3,5 Litern kaltem Wasser auflösen. Die Fische ausnehmen, in kaltem Wasser gut waschen, in die Salzlauge einlegen und 7 bis 10 Stunden ziehen lassen.

Danach die Fische unter fließendem, kaltem Wasser innen und außen gut abspülen und mit Küchenpapier trocken reiben.
Nun die Fische mit Räucherhaken versehen (gibt es im einschlägigen Fachhandel) und in den vorgeheizten Räucherofen hängen. Die Temperatur sollte nicht zu hoch sein und bei ca. 70 Grad liegen.

Nach etwa einer halben Stunde das Räuchermehl entweder auf die offene Glut des Räucherofens oder – bei elektrischen Öfen – auf das dafür vorgesehene Tablett streuen und in den Ofen schieben. Nach ca. eineinhalb bis zwei Stunden die Fische herausnehmen und wenn möglich noch warm essen. Sie sind auch kalt eine Delikatesse.

Saibling in der Salzkruste

Salzkammergut, Salz und Fisch passen natürlich ganz hervorragend zusammen. Dieses Gericht ist außerdem eines, mit dem sich bei verhältnismäßig wenig Kochaufwand unglaublich viel Eindruck schinden lässt.

* 1 Saibling (oder Alpenlachs), ca. 1 kg Gewicht
* 2 kg grobes Salz
* 2 Eiklar
* etwas Wasser
* frische Petersilie, Dille und eventuell Fenchelkraut
* Butter
* 1 unbehandelte Zitrone

***

Den ausgenommenen Fisch innen und außen gut im kalten Wasser abwaschen und mit Küchenpapier trocken tupfen. Das Salz in einer Schüssel mit dem Eiklar und eventuell ein wenig Wasser vermischen und etwas durchziehen lassen.

Ein Backblech mit Backpapier auslegen und eine einen Zentimeter dicke Schicht der Salzmasse, die etwas größer ist als der Fisch, darauf verteilen. Den Fischbauch mit den Kräutern mit Stängeln füllen und auf die Salzschicht legen.

Nun den Fisch mit der restlichen Salzmasse rundherum gut einpacken. Das Backrohr auf ca. 180 Grad vorwärmen, den Fisch hineinschieben und 35 bis 40 Minuten garen.

Danach die Salzkruste aufschlagen, entfernen und den Fisch mit etwas Zitronenbutter servieren. Dafür erwärmt man Butter und reibt Zitronenschale hinein.
Als Beilage dazu passen besonders gut Petersilienerdäpfel oder Safranrisotto.

Der Lockruf der Wildnis

Bad Goisern: Vogelzwitscherer, Hirschrufer, berühmte Schuhe und köstliche Stangerln.

Dirndlkleider und Lederhosen so weit das Festzelt reicht. Dazu strickstutzenbewehrte Wadeln, gamsbartgeschmückte Hüte und Hirschhorngürtelschnallen, auf denen Szenen geschnitzt sind. Und natürlich **Goiserer**. Gemeint ist damit Zweierlei: die zu Unrecht im ganzen Salzkammergut als „knopferd", also zugeknöpft, geltenden Einwohner von Bad Goisern, die hier beschwingt Plastik-Bierkrüge aneinanderknallen lassen, sowie die nach deren Wohnort benannten handgefertigten Lederschnürschuhe, die so gut zu jeder alpinen Lebenslage passen. **„GamsJaga-Tage"** in Bad Goisern am Hallstättersee: Das steht für vier Tage Brauchtum, inklusive „Edelbrand Verkostungstraining", Trachtenumzug, Gamsbartbinden, Vogelnistkastenbauen, Wadl-Wettbewerb oder Pascher-Seminar. Letzteres, das Paschen – ein Gruppen-Klatschen der Männer,

Handwerk 16

Skurriles 17

bei dem halsbrecherisch komplex klingende Rhythmusgebilde entstehen können –, hat im Inneren Salzkammergut seine absolute Hochburg und bricht bei den „GamsJaga-Tagen“ durchaus auch spontan am Armbrust-Schießstand oder am dritten Biertisch von links aus.

Das letzte Augustwochenende präsentiert sich spätsommerlich makellos. Beinah schon kitschig perfekt spannt sich der Himmel tiefblau über die Berge, die in Bad Goisern allenthalben die Hintergrundkulisse bilden. Im mit Biertischen vollgeräumten großen Festzelt herrscht Hochstimmung, als B. S. Stucka, der Moderator und Gründer der **„Gesellschaft zum Schutz der gedemütigten Lederhose“**, in Lederhose und mit tätowiertem „Psycho“-Schriftzug auf der rechten Wade am Sonntagnachmittag die Bühne erklimmt und mit einigen holprigen Versen („Der Bär hat's schwer / er hätt' gern ein Gewehr / so wird er zum Bettvorleg-er ...“) zu den abschließenden Höhepunkten der „GamsJagaTage“ überleitet: „Vogelzwitscher-EM“ und „Brunftschrei-Olympiade“. Ersteres ist keine Europameisterschaft und zweiteres keine Olympiade, sondern vor allem eine „Gaudi“, was nichts daran ändert, dass beides – außerhalb des Bierzelts – lange Tradition hat. 18 Skurriles

Schon springt ein junger Goiserer mit lässig im Lederhosenbund eingehaktem Daumen auf die Bühne. „Quiet please!“ und „Goschn halten!“ fordert der Moderator zweisprachig und schon zwitschert der Vorjahres-Jugendmeister und heutige Geheimfavorit den Lockruf des Zeisigs ins Mikrophon. Es ist ein erstaunlicher Ruf, halb Trillern, halb Zwitschern. Anerkennend nicken die Vogelfänger im Publikum, der eine oder andere Scherzbold zwitschert zurück, zustimmend wippen die Gamsbärte auf den Hüten der Jury-Mitglieder, darunter Leopold Kain vom Vogelverein Bad Goisern, der seit 45 Jahren Vögel fängt und jetzt eine Tafel mit der Zahl 9 zückt. Jeder Teilnehmer präsentiert drei Lockrufe: Gimpel, Zeisig, Kreuzschnabel. Der Jüngste, ein Volksschüler, schmatzt und schnalzt zusätzlich und außerhalb der Wertung noch kunstvoll den balzenden Auerhahn. Die Kreuzschnabeldarbietung seines Vaters begeistert die Experten: „Der is guat!", sagt Christian Kranabittl aus Bad Ischl, „der macht den Schnabel so, dass du keinen Lock brauchst." Wer Vögel fangen will, braucht normalerweise einen „Lock" – einen Lockvogel – im Käfig, der die Vögel mit seinen Rufen in die Nähe der Fallen lockt. Oder der Fänger trillert selbst täuschend echt. Und das kann nicht jeder. „Völlig verfehlt" und „Außer laut war das gar nix!" lauten die Kommentare zweier Alteingesessener zu einer bayerischen Gimpel-Darbietung.

Die Vogelzwitscherer stammen aus den Reihen der Vogelfänger des Salzkammerguts, die seit Jahrhunderten und seit den Tagen Kaiserin Maria Theresias auch zusätzlich per allerhöchstem Dekret in den Wäldern Gimpel, Zeisige, Kreuzschnäbel und Stieglitze fangen, um die Farbenprächtigsten der Eingefangenen auf ihren herbstlichen Vogelausstellungen um die Wette zu präsentieren. Mehr als 30 Vogelvereine gibt es im Salzkammergut. Es ist eine umsichtig gehegte Tradition, der es auch nicht an Nachwuchs mangelt. Wenn sich die Vogelfänger, was sie gelegentlich tun, mitsamt ihren hölzernen Vogelbauern am Rücken auf dem Marktplatz von Bad Goisern versammeln, glaubt man sich in einer Gewerkschaftszusammenkunft der Papageno-Darsteller aller Mozart'schen Zauberflöte-Inszenierungen – mit dem Unterschied, dass die Vogelfänger nur einige wenige Federn am Hut und keine am Kostüm tragen.

Die Brunftschreier hingegen, die Hirschrufe nachmachen, kommen aus der Jäger- und Försterschaft. Wald ist Wald, denkt der Ahnungslose, und erkennt nicht sofort das historische Konfliktpotenzial, das in dieser Konstellation enthalten ist. „Vogelfänger und Jäger: Das geht sich sowieso nicht aus“, sagt Alfred Stüger aus Bad Ischl, besser bekannt als Stüger Fred, der 40 Jahre lang, bis zu seiner Pensionierung, Berufsjäger im Dienst der Österreichischen Bundesforste war. Die tradierte Jäger-Haltung, derzufolge der Vogelfang nichts als „die Jagd des kleinen Mannes“ ist, während die Jäger selbst sich von jeher dem Dunstkreis der jagdberechtigten oberen Gesellschaftsränge und der Aristokratie zuzählen, hindert den Stüger Fred nicht, bei den „GamsJagaTagen“ in Doppelfunktion aufzutreten: als Juror beim Vogelzwitschern und als Teilnehmer beim Hirschrufen.

Und dann ist da noch die politische Seite des Vogelfangs. Schon ruft Moderator Stucka trotzig ins Mikro: „Liebe Grüße nach Brüssel! Ihr könnt’s uns am Oasch lecken! Wir tuan weiter Vögel fangen!“ Die Wortwahl gefällt nicht jedem, die Botschaft hingegen ist regional mehrheitsfähig. „Wir lassen uns nichts gefallen!“, sagt Vogelfänger Leopold Kain und erzählt verärgert von Medienberichten, in denen die hiesigen Vogelfänger in einem Atemzug mit italienischen Spannnetz-Schwalbenjägern genannt wurden – als würden im Salzkammergut wie in Italien Vögel gefangen, um getötet und gegessen zu werden. „Ich trau mich zu hundert Prozent sicher sagen, dass den Vögeln beim Fangen nix passiert. Wir führen Fangprotokolle, machen Meldung bei der Behörde und holen Bewilligungen ein“, sagt Leopold Kain. Dass es auch so immer noch genügend Leute gibt, die – uraltes Brauchtum hin oder her – etwas gegen Wildvögel in Käfigen haben, die mitunter erst nach Monaten wieder freigelassen werden, ist den Vogelfängern klar. Damit können sie umgehen. Nur zu marodierenden Banditen mit Wilderer-Image wollen sie sich nicht machen lassen, weder von den Tierschützern, noch von der Politik, die ihnen allerdings kürzlich zum ersten Mal nicht nur für ein Jahr, sondern für drei Jahre am Stück die Fanglizenz fürs Salzkammergut gegeben hat.

Trotz dieser Reibereien sind es an diesem Sonntag nicht die häufig attackierten Vogelfänger, sondern die Hirschrufer, die ihren „GamsJagaTage“-Auftritt mit Bierernst absolvieren. Wie ein kleines, geschlossenes, jagdgrünes Geschwader betreten sie knapp vor ihrem abendlichen Auftritt das Festzelt und gruppieren sich gemeinsam um einen Tisch nahe der Bühne. Die Stimmungsmacher-Kommentare des Moderators quittieren sie mit ironischem Verziehen des Mundes. Dann treten sie nach der Reihe mit einer großen Triton-Muschel, einem gebogenen Rinder-Horn oder einem sogenannten Eiffel-Ruf, der aussieht wie ein hohles, hölzernes Teleskop-Fernrohr, ans Mikrofon und röhren los. Lautstärke ist nicht alles, hat tags zuvor der Stüger Fred erklärt: „Du musst dich in den Hirsch einleben!“ Ins leise, sehnsüchtige Rufen des paarungswilligen, suchenden Hirschs, ins schon lautere Rufen des Platzhirsches, mit dem er die Weibchen zusammenhält, und ins aggressive des kampfbereiten und des siegreichen Hirschs. Im Publikum lacht jemand schallend auf, als der erste Hirschruf erklingt. Das Imposante der Darbietung lässt aber schließlich sogar den Letzten erstaunt schweigen. Die abgeschnittene Triton-Muschelspitze wie ein Eis-Stanitzel in den Mund geschoben, röhrt ein Hirschrufer nach dem anderen los, während seine rechte Hand in der großen Muschelöffnung herumrührt:

ein kehliges, lang gezogenes Brüllen, das übergeht in eine Art heiseres Bellen. „Das ist bitterer Ernst", sagt später der nun deutlich entspannte Brunftschrei-Sieger, ein Förster aus dem Pongau, über den Siegesruf des Hirschs, der seinem unterlegenen Rivalen noch nachbellt.

Weniger ernst nehmen es mit fortschreitendem Abend die Goiserer. Zwei außer Konkurrenz geplante Zusatzbewerbe – balzender Auerhahn und Wildsau – sind im gutmütigen, bier- und schnapsseligen Gelalle eines Goiserer Lederhosenträgers nicht mehr als solche zu erkennen. Der Blick fällt auf ein über der Bühne hängendes Almdudler-Werbeplakat für einen Trachtenball: „Der schrägste Ball, seit es Lederhosen gibt." Wohl wahr!

Mit Bad Goisern ist es so eine Sache. Genauso wie die Leute im Salzkammergut und auch sonst überall in der österreichischen Provinz ziemlich durchgängig ein ziemlich negatives Wien-Bild kultivieren – und zwar unabhängig davon, ob sie jemals in Wien waren oder nicht –, hing ich selbst, bevor ich Bad Goisern kannte, einem hartnäckigen Bad-Goisern-Vorurteil unbekannten Ursprungs an. So ist das mit Vorurteilen. Ihre Quellen bleiben im Dunklen, ihre Wirkung ist stark. Mein Vorurteil bestand aus zwei Teilen. Der erste lautete: „Bad Goisern, der Geburtsort von Jörg Haider, igitt!", der zweite: „dunkle Depression". Ersteres lässt sich nicht ändern. Allerdings ist Haider ja frühzeitig ins Kärntner Bärental verzogen, und ich habe zu meiner Erleichterung erfahren, dass Bad Goisern traditionell in sozialdemokratischer Hand ist, was die Sache sehr viel angenehmer macht. Der depressive Ruf hingegen, den Bad Goisern bei mir hatte, hängt wohl damit zusammen, dass es im Salzkammergut von Selbstmördern nicht selten heißt, sie hätten die „Goiserer Krawatte" genommen, sprich: sich einen Strick um den Hals gelegt und erhängt. Es ist mir trotz emsigen regionalen Herumfragens nicht gelungen herauszufinden, warum der Strick ausgerechnet ein „Goiserer“ sein muss und nicht genauso gut ein „Ischler“, „Ebenseer“, „Steinbacher“ oder „Wolfganger“ sein kann? Eine mögliche Erklärung könnte die folgende sein: In früheren Zeiten wurden Seile aus Hanf gemacht, was dazu führte, dass das Wort Hanf gelegentlich als Synoym für Erhängen verwendet wurde und sich auch in Redewendungen wie „Besser den Hanf in Händen als am Halse“ oder „Er verdient eine Krawatte aus Hanf“ niederschlug. Goisern wiederum war eine Produktionsstätte für Hanfseile, sodass es auf diesem Umweg zur übertragenen Bedeutung der „Goiserer Krawatte“ gekommen sein mag.

Wie auch immer sich das genau verhält – ich jedenfalls möchte bei den Goiserern Abbitte leisten. Den Goiserern wird das zu Recht gleichgültig sein, aber mir ist es ein Bedürfnis zu vermelden, dass sich mein Vorurteil in eine seltsame kleine Goisern-Leidenschaft verwandelt hat. Ich habe inzwischen eine so auffällige Schwäche für diesen Ort, dass ich meinen Freunden mit meinen regelmäßig ausbrechenden Goisern-Lobhudeleien bereits auf die Nerven zu gehen beginne. „Ist ja schon gut!“, bekomme ich zu hören, wenn ich wieder einmal die vielen schönen alten Häuser mit den kunstvoll geschnitzten Holzveranden lobe oder die optimalen Hanglagen auf der Goiserer Sonnseite, die köstliche Käswurst und den feinen,
Kulinarik 19 preisgekrönten Saunaschinken der **Fleischhauerei
Kulinarik 20 Zauner**, die fein-würzigen Knoblauchstangerln der
Kulinarik 21 **Bäckerei Maislinger**, das **Stöcklkraut vom Steegwirt**,
Kulinarik 22 den kiesgestreuten Gastgarten der **Rassingmühle** direkt an der Traun oder den sagenhaften Goiserer Hall-

stattseeblick. Dass Goisern sich – was die Lage betrifft – Kilometer um Kilometer hinzieht, nämlich quasi unmittelbar von Lauffen bis zum Ufer des Hallstättersees, dass ein ganzer Haufen von Mini-Vororten und Winzig-Weilern dazugehört, die angeblich sogar ihre jeweils eigenen Dialektwörter verwenden und für den Ortskundigen an diesen zu erkennen sind, stört mich nicht im Geringsten. Im Gegenteil. Ich finde diese verwirrende Weitläufigkeit großzügig. Die Goiserer, die ich kenne, sind zudem äußerst sympathisch. Noch dazu verdanke ich einer Goiserer Doppelniederlage einen meiner wenigen sportlichen Triumphe – und dafür kann ich gar nicht dankbar genug sein. Bei einem privaten Federballturnier in Pfandl bei Bad Ischl, zu dem mein Freund und ich eigentlich nur ersatzhalber eingeladen waren, blieben wir zu unserer eigenen Verblüffung sechs beinharte gemischte Doppel ungeschlagen und trugen gegen halb elf Uhr abends bei Flutlicht den triumphalen Endsieg davon. Unsere schärfsten Gegenspieler stammten aus Bad Goisern, sparten am Ende nicht mit Lob und trugen den verheerenden Umstand, dass ihr Federballturnier-Wanderpokal nach zehn Jahren zum ersten Mal seine Heimat im Inneren Salzkammergut verlassen und für ein Jahr nach Wien wandern würde, mit Fassung.

Um beim Stichwort Wandern zu bleiben: Für diese erhebende Tätigkeit könnte der eingefleischte Salzkammergut-Fan auf einen handgemachten Goiserer-Schuh zurückgreifen, jenen Exportartikel, dem Bad Goisern seinen weltweiten Ruhm verdankt. Dieser, so heißt es, reicht weit hinauf, sogar bis in einige europäische Königshäuser. Wiewohl dort, wo der Goiserer herkommt, nämlich aus der Schusterwerkstatt von Rudolf Steflitsch-Hackl „sorgsam und verschwiegen“ gearbeitet wird und „ohne mit

Wo der Goiserer herkommt: Schaufenster von Schustermeister Steflitisch-Hackl

prominenten Namen zu protzen". Bis auf wenige Ausnahmen. Man weiß, dass Steflitsch-Hackl bis heute das zarte Leistenpaar der Kaiserin Sisi aufbewahrt und auch das zweifellos weniger zarte des Hubert von Goisern, der dem Goiserer gleichsam familiär verbunden ist, weil sein Großvater bei Rudolf Steflitsch-Hackls Großvater Schuster war.

Der Schöpfungsmythos des Goiserers lautet so: Ende des 19. Jahrhunderts fiel der Goiserer Schuster und Bergführer Franz Neubacher in eine Doline, aus der herauszukommen ihm sein klobiges, rutschiges Schuhwerk erschwerte. Barfuß und fluchend heimgekehrt, erfand er umgehend einen mit Einstichnaht und Aufdoppelnaht zweifach genähten und dieserart um vieles geschmeidigeren, trittsicheren und rutschfesteren Schuh. Als „Goiserer" gelangte dieser zu großer Berühmtheit und versorgte alsbald eine ganze Reihe von Goiserer Schustern mit Aufträgen. Nicht zuletzt, weil der jagdverrückte Kaiser Franz Joseph sich sogleich ein Paar anmessen ließ, hochzufrieden war und es ihm umgehend viele Angehörige der feinen Gesellschaft gleichtaten. In der Ischler Kaiservilla sind Franz Josephs „Goiserer" unter Glas zu besichtigen. Der Kaiser lebte, was einen dann doch irgendwie enttäuscht, auf äußerst kleinem Fuß. Von den vielen Goiserer Schusterwerkstätten ist nur die Ur-Werkstatt übrig geblieben, die nach Neubacher nun schon in dritter Generation von der Familie Steflitsch-Hackl geführt wird. Im zauberhaften Retro-Charme präsentiert sich das kleine Steflitsch-Hackl'sche Geschäftslokal direkt an der Dorfstraße. Von einem ausgestopften Murmeltier und ebensolchem Marder beäugt, kann sich der Kaufwillige dort einen „Goiserer" anmessen lassen, der nach dem Willen seines Schöpfers durchaus nicht immer nur ein Bergschuh sein muss, in jedem Fall aber eine Lebensdauer von 15 bis

20 Jahren hat. Die Website von Steflitsch-Hackl, auf der einen ziemlich untraditionell eine nackte Gretlzöpfchen-Trägerin mit flott über die Schulter geworfenen Goiserern aus allerlei frechen Posen anlächelt, vermeldet zur Langlebigkeit des handgefertigten Schuhwerks kühn: „Wie an einem Felsen fließen die Stromschnellen aktueller Design-Trends am Goiserer vorbei.“ Denn: „Was ist schon der Mode letzter Schrei gegen das Echo der Ewigkeit?“ Eine Frage, die sich viele von uns so vermutlich noch nie gestellt haben.

Holzknechtnock'n

Hierbei handelt es sich um eine Speise, die eine lange Tradition im Salzkammergut hat und von jeher all jenen Energie spendet, die harter körperlicher Arbeit in Wald und Natur nachgehen – oder es einfach gerne deftig haben.

* 250 g Weizenmehl (glatt)
* 2-3 EL Öl
* etwas Salz
* 250 ml kochendes Wasser
* Schmalz bzw. Butterschmalz

***

Mehl mit Öl und Salz in einer Schüssel verrühren, langsam nach und nach das kochende Wasser zugießen und zu einem festen Teig rühren. Kleine, etwa tischtennisballgroße Knödel formen und in kochendes Salzwasser einlegen. Wenn die abgesunkenen Knödel an die Oberfläche aufsteigen, dreht man die Hitze ein bisschen zurück und lässt die Knödel noch etwa 2 bis 3 Minuten fertig ziehen.

In der Zwischenzeit in einer hohen Pfanne Schmalz oder Butterschmalz erhitzen und die Knödel schwimmend herausbacken, bis sie eine schöne, braune Farbe angenommen haben.

Holzknechtnock'n kann man salzig oder süß servieren. Im ersteren Fall empfiehlt sich Sauerkraut als Beilage, im zweiteren übergießt man sie mit geschmolzener Butter und bestreut sie mit Zimt und Staubzucker. Dazu serviert man Apfelmus.

Wenn die Knödel nicht herausgebacken, sondern nur gegart werden, eignen sie sich auch als Beilage – vor allem zum Bratl in der Rein. Dafür gibt man die gegarten Holzknechtnock'n für die letzten 5 bis 10 Minuten zum Bratl in die Rein. Man kann sie auch einmal kurz mit Bratensaft übergießen.

Bratl in der Rein mit Stöcklkraut

Ein Klassiker, für den all jene, die zum Selber-Kochen nach diesem Rezept nicht in Stimmung sind, ebenso gut zum Goiserer Steegwirt pilgern können, dessen Stöcklkraut besonders fein und bissfest ist.

* ca. 1,5 kg Schweinefleisch (Karree mit Schwarte und/oder Schopf)
* Salz, Kümmel im Ganzen
* frisch zerdrückter Knoblauch
* dunkles Bier zum Aufgießen
* Wasser oder Rindsuppe

Fürs Stöcklkraut:

* 1 Krautkopf
* Salz, Kümmel im Ganzen
* etwas Honig
* Apfelessig
* Rindsuppe oder Gemüsebrühe

***

Falls man ein Karree mit Schwarte wählt, muss man das Fleisch mit der Schwartenseite nach unten in einem Kochtopf ca. 10 bis 15 Minuten in schwach wallendem Wasser, das man mit etwas Kümmel und Lorbeer versetzen kann, kochen. Im Topf sollte so viel Wasser sein, dass nur die Schwarte gut damit bedeckt ist. (Beim Schopf, der keine Schwarte hat, ist das nicht notwendig.)
Danach das Karree aus dem Sud nehmen und die Schwarte im Abstand von ca. einem Zentimeter kreuz und quer einschneiden, sodass ein Gittermuster entsteht. Für beide Fleischsorten – Karree und Schopf – geht es dann wie folgt weiter:

Das Fleisch rundherum mit Kümmel, zerdrücktem Knoblauch und Salz gut einreiben. Das kann schon am Vortag gemacht werden, was den Vorteil hat, dass die Gewürze schon ein bisschen einziehen.
Anschließend gibt man das Bratl in die Rein – wobei mit Rein eine rechteckige Kasserolle gemeint ist – und gießt mit etwas Wasser oder Rindsuppe sowie etwas dunklem Bier an: Das Fleisch selbst wird nicht direkt übergossen.

***

Danach die Rein in das auf ca. 150 bis 160 Grad vorgeheizte Backrohr schieben und das Bratl etwa 2 bis 2,5 Stunden fertigbraten, wobei es immer wieder mit eigenem Saft übergossen wird. Falls zu wenig Saft vorhanden sein sollte, gießt man etwas Suppe und dunkles Bier nach. Der Bratensaft sollte eine schöne, dunkelbraune Farbe haben, weshalb man nicht zuviel aufgießen darf.

Zum Schluss die Schwarte kurz – etwa 3 Minuten – bei starker Oberhitze knusprig grillen. Der Krautkopf fürs Stöcklkraut wird der Länge nach geviertelt und der härteste Teil des Strunks nur so weit entfernt, dass das Kraut nicht auseinanderfällt. In einem Topf Suppe oder Wasser mit Kümmel, Salz, ein wenig Honig und Apfelessig aufkochen, die Krautviertel einlegen und ca. 15 Minuten köcheln lassen.

Herausheben und gegen Ende der Fleischbratzeit zum Bratl in die Rein geben und dort noch ca. 10 Minuten fertig garen, wobei auch das Kraut ab und zu mit dem Bratensaft übergossen wird.

„Halt! D'Majestät brunzt“

Wie das Kaiser-Jagdstandbild am Soleleitungsweg zwischen Bad Ischl und Lauffen zu seinem Standort kam und was dem Kaiser bis heute alles nicht erspart bleibt.

„Nachrede für Habsburg“ heißt eine famose Geschichte des aus Goisern stammenden Schriftstellers Franz Kain (1922–1997), der einem breiten Publikum nach wie vor fahrlässig wenig bekannt ist. Darin verschafft sich der Ich-Erzähler, ein „friedlicher Maurer aus dem Kaiserrevier“ des Salzkammerguts, der während des Ersten Weltkriegs in russische Gefangenschaft gerät, im sibirischen Lager einige zusätzliche Zigarettenrationen, indem er einen Holzeinkäufer mit münchhausenhaft ausgeschmückten Anekdoten aus den Ischler Sommern von Kaiser Franz Joseph unterhält. Im Osten Sibiriens reüssiert der schlaue Maurer sogar mit den gängigsten Gassenhauern der Kaiserlegendenbildung. Um den Zigarettennachschub allerdings dauerhaft am Laufen zu halten, geht er zunehmend ins Detail und berichtet seinem staunenden, aber auch durchaus launischen Zuhörer, wie der Kaiser

„auf der Fahrt zur Jagd ins Pissoir eines kleinen Gasthauses gegangen ist und wie sein Leibjäger sich davor aufgepflanzt hat und mit dem Ruf ‚Halt! D'Majestät brunzt' alle anderen Anwärter auf dasselbe Geschäft eisern abgewehrt hat".

Das ist natürlich eine ganz und gar wunderbare Geschichte und fällt mir jedes Mal ein, wenn ich am **Kaiser-Jagdstandbild** vorbeikomme. (23 Kultur) Die Assoziationskette ist, fürchte ich, ebenso kurz wie derb und hängt mit der lautlichen Nähe von „brunzen" und „Bronze" zusammen, dem Material, aus dem der Denkmalkaiser gefertigt ist. Dass der noch dazu in kurzer Lederhose, Wams, Joppe, Hut mit Gamsbart, Kniestutzen und seinen berühmten Goiserer Lederschnürschuhen dargestellt ist sowie lässig ein Gewehr über die Schulter gehängt und einen Wanderstock in der Hand hat, also, kurz gesagt, ganz in seiner Lieblingsrolle als Jäger aufgeht, macht die gedankliche Verbindung zur Franz-Kain-Geschichte nur noch schlüssiger.

Da steht er also, der Bronze-Kaiser, knapp außerhalb von Bad Ischl, direkt am sogenannten Soleleitungsweg, der an dieser Stelle auch Lauffener Waldweg heißt und Bad Ischl gen Süden hin mit dem kleinen eingemeindeten Wallfahrtsort Lauffen verbindet. Der Kaiser steht ganz oben auf der Spitze eines mehrere Meter hohen Felsblocks, mit stabilem Standbein und lässig abgeknicktem Spielbein, sodass es beinahe wirkt, als wäre er im Begriff, kühn über die Felsspitze hinaus ins Nichts zu schreiten. Hingestreckt am Fuß des Felsblocks liegt – ebenfalls aus Bronze – das, was man wohl gemeinhin einen kapitalen Hirsch nennen würde. Auch dem Dümmsten ist sofort klar, dass es der forsch ausschreitende Kaiser in den luftigen Höhen darüber war, der den riesenhaften Zehnender erlegt hat. Eine große Hommage, aber zweifellos nur ein kleiner Schritt für den Kaiser, der im Lauf seines Lebens – so kann man auf den Führungen durch die jagdtrophäenübersäte Ischler **Kaiservilla** erfahren – mehr als 50.000 Tiere erlegt hat, mit dieser eindrucksvollen Zahl allerdings bei weitem nicht das schießwütigste Mitglied seiner jagdverrückten Familie war.

Geschichte 24

Das Kaiser-Jagdstandbild ist ein seltsames, zugleich eindrucksvolles und Widerspruch provozierendes Denkmal. Und wie viele Denkmäler, die Hochherrschaftliches aus mittlerweile ziemlich grauer Vorzeit zeigen, stachelt es das gemeine Volk zu allerlei Unfug an. „Als Buben sind wir dauernd da raufgekraxelt und haben uns neben dem Kaiser in Pose geworfen", erzählt ein Ischler Bekannter. Ein anderer gesteht, dass er immer wieder einmal daran gedacht habe, dem Kaiser ein Geschlechtsteil in Form einer Braunschweiger-Wurst an die Lederhose zu heften. Vor ein paar Jahren schimpfte und lachte ganz Ischl über jene Unbekannten, die den Kaiser von oben bis unten in Blau-Grün angesprayt und nur den Hirsch verschont hatten. Und allein im vergangenen Jahr habe ich selbst den Bronze-Kaiser mit verschiedenen Büscheln Blumen in der Hand, mit einem Aufkleber auf dem Hut und mit einer Plastik-Blumengirlande geschmückt gesehen, habe einen Touristen vor Ort „Ein Männlein steht im Walde" singen gehört und war Augenzeugin einer abendlichen Kaiserfels-Besteigung zum Zwecke der Aufklärung einer brennenden Frage, die mit freiem Auge nicht zufriedenstellend gelöst werden konnte: Ist der Kaiser lebensgroß, mehr als lebensgroß oder doppelt lebensgroß dargestellt? Nachdem dann einer von uns mit seiner roten Jacke wie ein kleines Heinzelmännchen, das ein Riesen-Kaiser unter seine Fittiche genommen hat, dort oben stand, konnten wir höchst befriedigt wieder abziehen.

Franz Joseph mit Hirsch: das Kaiser-Jagdstandbild am Soleleitungsweg bei Bad Ischl

Insgesamt macht der Denkmal-Kaiser also einiges mit. Man könnte fast und gleich mit seinen eigenen Worten sagen, dass ihm nichts erspart bleibt, aber das gehört ja wohl auch zu den Pflichten eines Kaisers. Dafür war das Denkmal ehemals ein schönes Geschenk an ihn. Einige Meter vor dem Jagdstandbild ist vor einem halbrunden Mäuerchen, vor dem im Sommer überraschend große, auf Hochstamm getrimmte Fuchsien-Stöcke in Magenta, Violett und Weiß blühen, eine Widmungstafel angebracht, auf der steht: „Ihrem Allerhöchsten Jagdherrn – Die treu ergebene Weidmannschaft Österreichs – zum 18. August 1910“. Der gelernte Ischler weiß da natürlich sofort, was es geschlagen hat, denn der 18. August war beziehungsweise ist immer noch Kaisers Geburtstag und wird bis heute mit großem Tätärätää begangen, bei dem unter anderem falsche Sisis und falsche Franz Josephs in vollem Festornat die mit roten Teppichbahnen ausgelegte Ischler Innenstadt durchschreiten, huldvoll nach allen Seiten grüßen und sich auch jederzeit zu gemeinsamen Foto-Shootings mit Touristen herablassen.

Erst recht etwas Besonderes war natürlich der 18. August 1910. Selbstverständlich nicht nur, weil der Kaiser damals noch am Leben war und daher nicht durch Doubles ersetzt werden musste, sondern auch, weil er an diesem Tag seinen 80. Geburtstag beging, der Ausbruch des Ersten Weltkriegs vier Jahre in der Zukunft lag und in der k. u. k. Welt alles noch seine alt angestammte, wenn auch schon spürbar bröckelnde Ordnung hatte. Mit einem Wort: Noch war Bad Ischl im Sommer das Epizentrum der Monarchie. Der Kaiser verdankte ebenso wie seine zwei Brüder, so hieß es, den fruchtbarkeitsfördernden Solebädern Ischls, aus denen heute die hypermoderne, weit-
Kultur 25 läufige **Salzkammergut-Therme** geworden ist, seine

Zeugung und hatte so gut wie jeden Sommer seines langen Lebens hier verbracht.

In langfristiger Vorbereitung des kaiserlichen Jubiläumsgeburtstags hatte Graf Wurmbrand-Stuppach schon Ende 1909 ein Komitee unter erzherzöglicher Schirmherrschaft ins Leben gerufen, das den Plan verwirklichen sollte, dem Kaiser ein Denkmal seiner selbst als Jäger zum Geschenk zu machen. Der Entwurf des Wiener Bildhauers Georg Leisek, der sich an einem Foto von Franz Joseph mit im Schrottgebiet geschossenem Zehnender orientierte, bekam den Zuschlag. Mehr als 22.000 Jäger aus der gesamten Monarchie legten für die Finanzierung des Projekts zusammen. Eine einzige Frage war noch offen: Wo genau sollte das Denkmal stehen?

Mit der ziemlich kühnen Idee, auf die man für die Standortsuche verfiel, bekommt die Geschichte einen leichten Wildwest-Touch. Man baute nämlich eine originalgetreue, leichtgewichtige, transportierbare – und nur zweidimensionale – Kopie des Standbilds mitsamt Kaiser, Fels und Hirsch und stellte sie wie eine Filmkulisse an verschiedenen Punkten in die Landschaft in und um Ischl – vom Kurpark über die Doppelblick-Anhöhe an der Ortsausfahrt Richtung St. Wolfgang oder an „Sterzens Abendsitz“. Auf einer Fotografie, die im Februar 1910 aufgenommen wurde, sieht man die Denkmalattrappe von hinten, an ihrer Rückseite wie eine hohe Leinwand von verstrebten Holzleisten gestützt, inmitten einer schneebedeckten Landschaft und umgeben von herumwuselnden Arbeitern sowie sie beäugenden Komitee-Mitgliedern. Keiner der angepeilten Standorte, an denen die Attrappe herumgeschoben wurde, konvenierte. Das Denkmalkomitee zog unverrichteter Dinge wieder nach Wien ab. Erst eine Idee des Ischler Hoteliers und Weltenbummlers

Hans Sarsteiner, dessen Reisen und Fundstücken übrigens im **Stadtmuseum Bad Ischl** einige Räume gewidmet sind, fand Zustimmung: Das Denkmal sollte am Lauffener Waldweg vor einer Felswand stehen, eben dort, wo es sich bis heute befindet.

Kultur 26

Per Güterzug wurde für den Untergrund des Denkmals ein 13.000 kg schwerer Gneisblock aus Dürnstein in der Wachau nach Bad Ischl transportiert, und für eine ideal naturgetreue Nachbildung des Hirschen sorgte man, indem in einem steirischen Jagdrevier des Kaisers ein passender Hirsch erlegt und gleich vor Ort abgegossen wurde. Am 24. August 1910, dem Tag der Denkmalenthüllung, versammelten sich, was man sich angesichts der Kleinräumigkeit der Lokalität wirklich nur schwer vorstellen kann, an die 6000 Menschen vor dem Denkmal. In der Kaltenbachau rundum waren Feldküchen und Zelte aufgestellt.

Der Kaiser selbst erschien gegen Mittag, gerade rechtzeitig zu einem plötzlich einsetzenden, spätsommerlichen Sturzregen, der ihn allerdings – disziplinierter, zäher Knochen, der er war – nicht daran hinderte, 3000 an ihm vorbeidefilierenden Jagdmännern bis zum letzten Mann die Parade abzunehmen. Den ihm angebotenen Mantel und Schirm lehnte der Achtzigjährige, der natürlich auch selbst in Jägertracht angetan war, selbstverständlich ab.

Panierte Gamsschnitzel mit lauwarmem Erdäpfelsalat

Wo sich allerorten passionierte Jäger tummeln, wie der Kaiser selbst einer war, darf ein feines Wildgericht nicht fehlen.

Für das Gamsschnitzel:
* 3/4 kg Gamsfleisch (idealerweise entweder Kaiserteil oder Nuss)
* Semmelbrösel
* 2–3 Eier
* Salz
* Mehl
* Butterschmalz

Für den Salat:
* 500 g speckige Erdäpfel (idealerweise die Sorte Kipfler)
* 1 Zwiebel
* 3 EL Apfelessig
* 4 EL Pflanzenöl (z. B. Maiskeim- oder Sonnenblumenöl)
* 2 ml Rindsuppe
* Salz, Pfeffer

***

Für den Salat die speckigen Erdäpfel in der Schale kochen, schälen und in dünne Scheiben schneiden. Die noch warmen Scheiben mit der lauwarmen Rindsuppe übergießen. Anschließend Öl, Essig und die fein gehackte Zwiebel untermengen und mit Salz und Pfeffer abschmecken. Während des Abkühlens ab und zu umrühren und durchziehen lassen.

Währenddessen das Gamsfleisch in ca. ein Zentimeter dicke Scheiben schneiden. Das Mehl, die versprudelten Eier und die Semmelbrösel in je einen Suppenteller geben. Die Schnitzel zuerst beidseitig in Mehl drücken, dann durch das versprudelte Ei ziehen und zum Schluss mit den Semmelbröseln bedecken, wobei die Brösel nicht zu fest angedrückt werden sollten. In einer passenden Pfanne etwa einen Fingerbreit Butterschmalz erhitzen und die Schnitzel darin goldgelb backen.

Vor dem Servieren kann man den Salat noch leicht erwärmen und mit Schnittlauch bestreuen.

Rehragout mit Semmelknödeln

Und noch ein Wildgericht, das außerdem den Vorteil hat, dass Normalsterbliche leichter Zugriff auf Reh- als auf Gamsfleisch haben.

Für das Rehragout:

* 1–1,5 kg Rehfleisch (von Schlögel und/oder Schulter)
* Wurzelgemüse
* 2 Zwiebeln
* 2 EL Butterschmalz
* 3 EL brauner Zucker
* 2 EL Tomatenmark (doppelt oder dreifach konzentriert)
* 1 Flasche Rotwein
* Wacholderbeeren
* Piment im Ganzen
* Korianderkörner, Pfefferkörner
* Rosmarin, Thymian
* Salz, Pfeffer

Für die Semmelknödel:

* 1/4 kg Semmelwürfel
* 100 g Butter
* 1 mittelgroße Zwiebel, fein gehackt
* 20 ml Milch
* 3 Eier
* 2 Dotter
* Salz
* gehackte Petersilie
* Muskatnuss, gerieben

***

Das Butterschmalz in einem großen Topf erhitzen und drei Esslöffel braunen Zucker darin karamellisieren. Danach das würfelig geschnittene Wurzelgemüse und die geviertelten Zwiebeln gut darin anrösten. Das Fleisch in etwa drei Zentimeter große Stücke schneiden, dazugeben und mit anbraten. Zum Schluss das Tomatenmark einrühren und noch einmal kurz durchrösten lassen. Mit dem Rotwein aufgießen, sodass das Fleisch gut bedeckt ist. Falls Flüssigkeit fehlen sollte, mit Rindsuppe oder Wildjus aufgießen. Nun Koriander- und Pfefferkörner, Wacholder und Piment in einem Mörser zerstoßen und die Gewürzmischung unterrühren.

Die restlichen Kräuter sowie Salz und Pfeffer dazugeben und schwach köchelnd ca. zwei Stunden garen lassen. Danach das Fleisch vom Gemüse und von der Sauce trennen, den Saft durch ein Sieb gießen und auffangen und je nach Belieben einen Teil des Wurzelgemüses mit dem Stabmixer in den Saft einmixen.

Ist die gewünschte Konsistenz erreicht, legt man das Fleisch wie-

***

der in den Saft, lässt alles kurz durchziehen und wärmt es gegebenenfalls zum Servieren noch einmal auf. Wenn man will, kann man die Sauce mit etwas Preiselbeer- oder Weichselmarmelade verfeinern.

Ideale Beilagen dazu sind Semmel- oder Serviettenknödel, Schupfnudeln oder Butternockerl und natürlich auch Rotkraut. Hier beispielhaft Semmelknödel: Die Butter in einer Pfanne zerlassen und die fein gehackte Zwiebel darin glasig dünsten. Etwas abkühlen lassen. Währenddessen die Milch mit den Eiern und den Dottern versprudeln und über die Semmelwürfel gießen. Das Zwiebel-Butter-Gemisch zugießen, mit Salz, etwas geriebener Muskatnuss und gehackter Petersilie würzen. Gut durchrühren und eine gute halbe Stunde ziehen lassen.

In einem großen Topf gesalzenes Wasser zum Kochen bringen. Mit bemehlten Händen Knödel formen und im schwach wallenden Wasser ca. 15 Minuten ziehen lassen.

Der Sinn des Eigensinns

Auf dem Soleleitungsweg zwischen Bad Ischl und Lauffen: Viel Salzkammergutgeschichte auf ein paar Hundert Metern mitsamt dem ersten Fertigteilhaus Europas, einer Erfinder- und Forscher-Villa, dem reichen Assoziationsfeld Bronze und einem zweiten k. u. k. Phänomen.

In seiner vollen Länge führt der Soleleitungsweg, an dem das Kaiser-Jagdstandbild steht und der der traditionelle und bis heute genutzte Salz-Transportweg des Salzkammerguts ist, von Hallstatt über Bad Goisern und Bad Ischl bis nach Ebensee am Traunsee. Das sind rund 40 Kilometer. Auf weichem Humusboden geht es leicht auf und ab durch lichte Mischwälder. Er ist die ideale Natur-Laufstrecke und ein abwechslungsreicher und geschichtsträchtiger Spazier- und Wanderweg. Auf nur wenigen Kilometern, etwa der kurzen Strecke zwischen Bad Ischl und Lauffen, findet sich im Kleinen ein durchaus repräsentabler Ausschnitt aus dem Facettenreichtum der Geschichte des Salzkammerguts. Allein das Kaiser-Jagdstandbild und seine Geschichte haben das bereits eindrucksvoll unter Beweis gestellt. Geht man von dort kaum einen Kilometer weiter in Richtung der kleinen Ortschaft Lauffen, entdeckt man linkerhand auf einer weitläufigen Wiese ein großes Gebäude, halb Schloss, halb Villa, mit der irritierenden, weithin lesbaren Aufschrift auf der der Straße zugewandten Fassade des Hauptturms: „PKS". In der Gegend ist das Gebäude als **„Villa Rothstein"** bekannt oder eben als „PKS"-Villa. Sie ist in Privatbesitz und nicht allgemein zugänglich, aber von Mai bis September öffnet sie an mehreren Wochenenden ihre Pforten zu einem „Tag der offenen Tür", und mitunter finden in ihrem großen Saal Konzerte, Vorträge, Seminare oder Feste statt. 27 Geschichte

1896 erbaut von dem reichen St. Petersburger Bankier Adolf Rothstein, der einer der Geldgeber für den Bau der Transsibirischen Eisenbahn gewesen sein soll, gehört das eklektizistische Anwesen heute den Nachfahren des Försters, Naturforschers und Erfinders Viktor Schauberger (1885–1958). Er steht beispielhaft für die lange Reihe von Eigensinnigen, die das Salzkammergut in solcher Buntheit hervorzubringen pflegt.

Viktor Schauberger gilt heute als einer der Vorreiter der modernen Wasserforschung, der ganzheitlichen Naturbeobachtung und des nachhaltigen Umgangs mit der Natur und ihren Ressourcen. Mit ihm, so könnte man sagen, ist man außerdem bei einer zweiten in Bad Ischl liebevoll gepflegten k. u. k. Tradition angelangt. Dieses Mal steht „k. u. k." für ein Prinzip, das Viktor Schauberger formulierte: Man müsse, lehrte der vielseitige und abseits des klassischen Wissenschaftsbetriebs forschende Autodidakt, die Natur erst kapieren und dann kopieren. Er konstruierte revolutionäre Holzschwemmanlagen, entwickelte Spiral- und Wendelrohre für deutlich verbessertes Wasserfließverhalten und spezielle Rohrleitungen zum Zwecke der Wasserbelebung, erfand zahlreiche Apparaturen zur Veredelung von Trinkwasser, entwarf Prototypen für neuartige Antriebs- und Energiegewinnungssysteme aus Wasser und Luft, engagierte sich ab den 1950er-Jahren in Österreichs erster Umweltschutzbewegung und leistete entscheidende Grundlagenarbeit für naturgerechte Flussregulierungen.

Die „Schaubergerei", die sich in seiner Nachfolge durch seinen Sohn Walter Schauberger (1914–1994) zu einer Art Schule entwickelte – nämlich der „PKS", was für „Pythagoras-Kepler-Schule" steht –, fand zahlreiche Anhänger. Es ist eine ziemlich heterogene Mischung aus nüchternen, an Nachhaltigkeit interessierten Technikern, Wasserfachleuten oder Biolandwirten einerseits und Esoterik-Freunden andererseits, die sich von der „Schaubergerei" angezogen fühlen und hierher kommen. Mit ironischer Distanz hält Viktor Schaubergers Enkel, der Mathematiker und langjährige Radiojournalist Jörg Schauberger, letztere auf Distanz, verwirft die wildesten Verschwörungstheorien, die über Arbeit und Leben seines Großvaters kursieren, verwaltet dessen Nachlass, kümmert sich um die Herausgabe von dessen Schriften und hält international Vorträge über dessen Forschungsarbeit.

An diesem Frühherbsttag führt Jörg Schauberger eine große Gruppe bayerischer Landwirte und Techniker durch die holzvertäfelten Räume im Erdgeschoß der Villa, wo sich die Jagdtrophäen der Vorbesitzer den Platz an den Wänden mit geometrischen Darstellungen von harmonischen Naturprinzipien und Porträts von Viktor und Walter Schauberger sowie Johannes Kepler teilen. Jörg Schauberger verweist auf die Verbindung der Forschungen seines Vaters und Großvaters zu den bereits von Pythagoras und Kepler beobachteten Naturprinzipien, zeigt der Besuchergruppe den Prototyp eines Heimkraftwerks, das sein Großvater Mitte der 1950er-Jahre entwickelt hat, und demonstriert anhand eigens konstruierter Gerätschaften die wichtigsten Eigenschaften von Wasser. „Er konnte ins Wasser schauen wie kein anderer", sagt Jörg Schauberger über seinen Großvater Viktor, „er hat erkannt, dass es beim Wasser auf Wirbelbildung und feinste Temperaturunterschiede ankommt. Die Schwemmkanäle der von ihm entwickelten Holztriftanlagen liefen nicht gerade, sondern in Kurven zu Tale, und er ersetzte erwärmtes Wasser immer wieder durch kaltes, weil er wusste, dass dieses viel tragfähiger ist."

Eine weitere von Viktor Schaubergers Ideen, nämlich Gärtengeräte aus einer Kupferlegierung herzustellen, hat sich seither zu einer äußerst erfolgreichen Geschäftsidee entwickelt, verkörpert durch die Firma **„PKS-Bronze"**. 28 Handwerk
„Unsere Geräte entstehen in Handarbeit und sind darauf ausgelegt, dass man ein Leben lang mit ihnen arbeiten kann", sagt Johannes Stadler. Er ist der Chef der Firma PKS, die vor knapp 15 Jahren mit nur einer Handvoll Geräte und einigen Hundert verkauften Stück jährlich begonnen hat. Die Kupferplatten, aus denen die Geräte entstehen, enthalten einige Teile Zinn – es handelt sich also eigentlich um Bronze. Ein Werkzeugmacher entwickelte Spezialmaschinen und Schablonen, mit denen die Rohlinge der Gartengeräte an einer hydraulischen Presse aus den Kupferplatten gestanzt werden. „Danach werden sie mit dem Hammer kalt geschmiedet", erklärt Stadler. Gut ein weiteres Dutzend hochkomplexer Arbeitsschritte ist nötig, bis ein PKS-Gartengerät in den Verkauf gehen kann. Als besondere Fans haben sich mittlerweile die gartenverrückten Briten erwiesen. Ein Gutteil der Gartenwerkzeuge wird nach England verschickt, wo sich PKS-Bronze bereits einen prächtigen Ruf erworben hat.

Das erste Fertigteilhaus Europas: die Villa Blumenthal bei Lauffen

In Schauberger-Zirkeln, erzählt Johannes Stadler, wurden schon in den 1950er-Jahren kleine Serien von Kupfer-Gartenwerkzeugen hergestellt: „Ich kenne jemanden, der seit damals bis heute mit denselben Geräten arbeitet." Stadler selbst geriet zufällig, nämlich als Mieter, ins Haus der Familie Schauberger. Aus der nachbarschaftlichen Nähe entwickelte sich Interesse und schließlich die Idee zur Firma „PKS-Bronze". Mittlerweile hat die Firma rund 30 verschiedene, selbst entwickelte Gartengeräte im Repertoire – von der kleinen Handkralle und drei verschiedenen Handschaufeln über Jätschlinge und Kräutersichel, Setzdorn und Sauzahn bis zu Rechen, Kantenstecher, Rosengabel, Grabgabel, Dreizack, Pendelhacke, Spaten, Bodenlockerer oder Wein- und Ziehhaue.

Nur: Warum nicht bei den landläufigen Eisen- oder Stahlgeräten bleiben? Dafür gibt es viele gute Gründe: Zum einen sind Geräte aus Kupfer beziehungsweise Bronze – einmal gehärtet – äußerst langlebig. Außerdem hat Kupfer weniger Reibungswiderstand als Eisen. Es ist elastischer und verhältnismäßig weicher, sodass die Kanten durch den Gebrauch scharf bleiben. Dadurch rutscht das Kupfer-Material auch sehr viel leichter in die Erde und macht so die Arbeit einfacher und kraftsparender. Schrammen in den Kanten der Geräte können ausgeklopft, der Schliff wie bei einer Sense nachgeschärft werden. Sie rosten nicht, sie brechen nicht, Grünspan kriegen sie nur, wenn man sie Essigsäure aussetzt. „Das einzige, was sie bekommen, ist Patina", sagt Johannes Stadler. Dazu kommt: Wenn ein Boden sehr kupferarm ist, kann sogar die Ernte ausfallen. Bearbeitet man ihn mit Kupfergeräten, wird er über die Jahre nach und nach verbessert, denn durch den Abrieb, der bei der Arbeit entsteht, gelangen winzige Mengen Kupfer in die Erde.

Neben dem Kaiser-Jagdstandbild ist das also ein weiterer Beitrag Bad Ischls zum Thema Bronze. Doch, wo Ischl draufsteht, ist selbstverständlich immer auch Kultur drinnen, vor allem Operette, und der kann man am Lauffener Waldweg am unmittelbarsten in Form der

Skurriles 29 **„Villa Blumenthal"** begegnen, die nur ein paar Hundert Meter von der „Villa Rothstein" entfernt in Richtung Lauffen liegt. Dabei handelt es sich um eine verspielte, schokobraune Holzvilla mit kunstvoll geschnitzten Geländern, Veranden, verzierten Rund- und Doppelfenstern und verschnörkelten Fensterumrahmungen. Eine typische Salzkammergut-Villa? Nicht ganz. Eher eine sehr imposante Mischung aus einem Sommerfrische-Anwesen, norwegischer Stabkirche, einer gepflegten Variante des Wohnsitzes der berühmten US-Comedy-TV-Familie „The Munsters" und einem Südstaatenherrensitz mit skandinavisch-indianischen Stil-Elementen.

Tatsächlich handelt es sich um das erste Fertigteilhaus Europas, 1893 als „Wolgaster Fertigteilvilla" aus deutscher Produktion auf der Chicagoer Weltausstellung ausgestellt und dann als „... neueste Specialität, womit Ischl bereichert wird" vom Berliner Bühnendichter und Theaterdirektor Oscar Blumenthal gekauft und als sein Sommerdomizil aufgestellt. Die Ischler wühlte die Sensation des „portablen Hauses aus Holz" gehörig auf. Als es am 19. März 1895 am k. u. k. Frachtenbahnhof auf einem Güterzug mit vierzehn Waggons angeliefert wurde, war die Aufregung ebenso groß wie die Zahl der Schaulustigen.

Das Haus, dessen vorgefertigte Teile mit Ausnahme von Fundament und Kaminen aus dem Holz der Kanadischen Pechkiefer gemacht sind, ist tatsächlich einzigartig: Es wurde nämlich nur ein einziges Mal gebaut. Seit 1895 steht es auf einem Waldgrundstück südlich von

Ischl. Um die Jahrhundertwende wurde die Villa zu einem kulturellen Sommerfrische-Treffpunkt und außerdem zu dem Ort, an dem Oscar Blumenthal das äußert populäre Lustspiel „Das Weiße Rössl“ schrieb, aus dem später der Operetten-Welterfolg mit seinen musikalischen Evergreens entstand. Auch wenn als Handlungsort des musikalischen Schwanks der Wolfgangsee bekannt ist: Die Inspiration für die fesche Rössl-Wirtin Josepha Voglhuber kam aus der nahe der Blumenthal-Villa gelegenen kleinen Ortschaft Lauffen: Dort nämlich stand das heute nicht mehr existierende Ur-Vorbild des Gasthauses „Weißes Rössl“, dessen verwitwete Wirtin heftig umworben wurde.

Doch bald schon nach der Premiere und dem Riesenerfolg von Oscar Blumenthals Original-Lustspiel im Jahr 1897 in Berlin, das übrigens als Ort der Handlung nichts anderes als „das Salzkammergut“ angab, trat ein anderes **„Weißes Rössl“** mitsamt Wirtin auf den Plan. Eine gewisse Antonia Drassl führte damals das Wolfganger „Rössl“ und war schlau genug, sich alsbald als das reale Vorbild der Rössl-Wirtin aus Blumenthals Lustspiel auszugeben. Das steigerte ihre Umsätze und legte die geografische Lage des „Weißen Rössls“ in den Augen der Welt ein für alle Mal an den Wolfgangsee fest. Als etwas mehr als 30 Jahre später auf Anregung des oscargekrönten deutschen Schauspielstars Emil Jannings, der in Strobl am Wolfgangsee gelandet war, aus dem Stück eine Operette wurde, krähte natürlich kein Hahn mehr nach dem Ur-Rössl in Lauffen bei Bad Ischl, sondern stattdessen bald die halbe Welt Operetten-Hits wie „Im Salzkammergut, da kamma gut lustig sein“, „Was kann der Sigismund dafür, dass er so schön ist“ oder „Es muss was Wunderbares sein, von dir geliebt zu werden“. Als Ort der Handlung weist das Libretto nun dezidiert Folgendes aus:

30 Geschichte

„Im Weißen Rössl am Wolfgangsee". Letzteres kann in seiner heutigen Form als großes, komfortables Vier-Sterne-Hotel mitsamt schwimmendem Whirlpool und geheiztem Seebad sehr erfolgreich von diesem Operetten-Welthit zehren.

Die Villa Blumenthal hingegen, wo alles begann, ist in Privatbesitz und kann nur von außen betrachtet werden. Das allerdings ist von ihrem aktuellen Besitzer, Peter Janisch, dem Chef des berühmt-berüchtigten ÖKM-Erotik-Magazin- und Onlineverlags, ausdrücklich erwünscht. Eine ausführliche Informationstafel am verschnörkelten, gusseisernen Gartenzaun gibt Auskunft über die Hausgeschichte. Außerdem hängt dort eine kleine, lustige Broschüre im Trash-Magazin-Layout aus, die den wunderbar reißerischen Titel „Die seltsame Villa des ‚blutigen Oscar' und die Geburt eines Welterfolgs" trägt und die man sich zum Nachlesen mitnehmen kann.

Erdäpfelnudeln

Erdäpfelnudeln sind ein schlichter, aber äußerst zufriedenstellender Genuss, besonders in ihrer Variante mit Milch, Sauerrahm, Obers und Eidotter.

* 500 g mehlige Erdäpfel
* 120 g Grieß
* 3 Eidotter
* 50 g Butter
* 30 g Mehl
* Muskatnuss
* Salz
* Butterschmalz oder Butter zum Herausbraten

***

Die Erdäpfel in der Schale weich kochen, auskühlen lassen und schälen. Durch eine Erdäpfelpresse drücken und mit den übrigen Zutaten relativ rasch zu einem Teig vermischen. Der Teig darf nicht zu lange geknetet werden, da er sonst leicht leimig werden kann. In Stücke schneiden und diese zu fingerdicken Würsten von etwa zehn Zentimetern rollen.
Nun in einem Topf Salzwasser zum Kochen bringen, die „Nudeln" einlegen und einige Minuten bei kochendem Wasser gar ziehen lassen. Mit einem Lochschöpfer herausnehmen und mit kaltem Wasser abschrecken. Die abgekühlten Nudeln in einer Pfanne in Butterschmalz oder Butter herausbraten.

Zu diesem Hauptgericht passt grüner Salat. Als Beilage passen Erdäpfelnudeln hervorragend zu Wildgerichten, z. B. Rehragout.

Eine besonders köstliche Variante davon nennt man in einigen Teilen von Oberösterreich „Versodelte Milchnudeln":
Dafür werden in einer Pfanne Milch, Sauerrahm, etwas Schlagobers, Salz und ein Eidotter verrührt und erhitzt. In die Mischung legt man die herausgebratenen Erdäpfelnudeln ein und lässt sie zehn Minuten schwach köchelnd ziehen. Danach serviert man sie mit der Milchrahmsauce.

Der mit den Bienen tanzt

Im Brunnwinkl in St. Gilgen am Wolfgangsee erlebte die kultivierte Sommerfrische eine Hochblüte, und Karl von Frisch entschlüsselte dort die Sprache der Bienen.

Am 24. Juli 1888 schrieb Marie von Frisch von St. Gilgen am Wolfgangsee ihrem Mann Anton nach Wien: „Ich lag vormittags am Schusterbergerl und las Iphigenie von Goethe, sah die Kinder sich am Seeufer tummeln, am drüberen Ufer lag auch einer und sang Schuberts Wanderer, die Welt war mir so schön, mit keinem König möchte ich tauschen. Von Billroth herüber klangen melancholisch die Skalen und Dreiklangsübungen ..." In diesem Jahr verbrachten die Frischs ihren sechsten Sommer am Wolfgangsee. 1882 hatte das Ehepaar Frisch für die Sommerferien in der alten Kornmühle im St. Gilgener Brunnwinkl ein paar Zimmer gemietet und im Herbst desselben Jahres die Mühle mitsamt einigem Grund und Boden gekauft. Damit legten sie den Grundstein für eine generationenlange Sommerfrischetradition. Damals, so schreibt ihr Sohn Karl von Frisch viele Jahre später, war St. Gilgen

Blick in den Brunnwinkl am Ortsrand von St. Gilgen am Wolfgangsee

„ein kleines bäuerliches Dorf, wo mietende Sommergäste noch eine unbekannte Gilde waren“. Die von Frischs kamen, sie blieben, kauften weitere Häuser im Brunnwinkl, bis es schließlich „Fünf Häuser am See“ waren, überließen sie – während sie selbst in der großen Mühle wohnten – wechselnd Freunden und Verwandten und schufen im Brunnwinkl eine Enklave der kultivierten Geselligkeit, an der entlang sich exemplarisch die Geschichte der Sommerfrische im Salzkammergut nacherzählen lässt. Auch der Nobelpreis des Sohnes Karl von Frisch, mit dem dieser 1973 ausgezeichnet wurde, verdankt der im Brunnwinkl geschaffenen Enklave, ihrem Geist und ihrer Tradition einiges.

Natur 31 Der **Brunnwinkl** liegt am Ortsrand von St. Gilgen, gleich unterhalb der Bundesstraße, die zum Mondsee führt. Dabei handelt es sich um eine Ansammlung von liebevoll erhaltenen historischen Häusern mit hölzernen Balkonen und Veranden, mit überwucherten Holzschuppen und Badehütten, die sich zu einem Miniaturdorf fügen. Es ist ein idyllischer Platz, dessen Schönheit und Abgeschlossenheit einen sofort gefangen nimmt. Freundlich hält ein vergilbtes, leicht schief hängendes Holzschild mit der Aufschrift „Privat“ die Spaziergänger auf Abstand, die von St. Gilgen kommend den prachtvollen Seeweg entlang zum
Kulinarik 32 **Gasthaus Fürberg**, weiter zu den Klein-Kapellen des
Kultur 33 **Ochsenkreuzes** und des **Hochzeitskreuzes** direkt am Seeufer oder zum Falkenstein mit seinen Pilgerwegsstationen wandern. Im Vorbeigehen linst man zurück in Richtung der großen Mühle und auf die Wiesen rundum und ist erstaunt über die Weite, die sich da hinten im Winkl noch auftut, erinnert sich an die Beschreibungen Karl von Frischs, in denen von Gemüsegärten und einer hölzernen Kegelbahn die Rede ist oder von einem

„Eiskraxn" genannten Gerüst, auf dem in den Wintern, bevor es Strom für Kühlschränke gab, lange Eiszapfen für den Eiskeller wuchsen. Dort hinten stehen Obstbäume und Sträucher und ganz im Hintergrund auch einige Bienenstöcke, in denen die Erinnerung an Karl von Frischs Bienen-Forschungen fortzuleben scheint.

Auf der Seeseite liegen kleine Uferwiesen mit Holzstegen, und der Blick geht hinüber ans andere Seeufer, über dem das **Zwölferhorn** aufsteigt. Zwischen Fischerhaus und Seehaus schlängelt sich der Weg vorbei an einer mächtigen Linde, um deren Stamm eine Rundbank gebaut ist. Eine Plankette weist den Baum inzwischen als Naturdenkmal aus. Gepflanzt wurde die Linde 1887 von Anton und Marie von Frisch. Den Bewohnern der Brunnwinkl-Häuser diente sie über Jahrzehnte als schwarzes Brett. Wer den anderen etwas mitteilen wollte, erzählt Karl von Frisch in seinen Erinnerungen, heftete seine Nachricht an den Stamm der Linde. Angeschlagen wurden dort Rätsel in Gedichtform, „Lindengedichte" oder auch der eine oder andere Schlagabtausch in Reimen. Dem zunehmenden Bauchumfang des Baumes folgend, wurde die Rundbank immer wieder erneuert.

34 Natur

Anton von Frisch, der Vater Karl von Frischs, war ein angesehener Wiener Chirurg und Urologe. Auch unter den Brüdern seiner Frau Marie, einer geborenen Exner, gibt es eine Reihe bedeutender Ärzte und Professoren. Das Studium und die Beobachtung der Natur gelten als ebenso selbstverständlicher Teil des sommerlichen Zeitvertreibs im Brunnwinkl wie die Musik. Auch der berühmte Arzt Theodor Billroth, dessen Assistent Anton von Frisch in Wien gewesen war, lässt sich bald die Sommer über in St. Gilgen nieder. 1885 bezieht er seine neu gebaute Villa in der Nähe des Brunnwinkls, an deren Stelle heute das Hotel Billroth steht. Billroths Freund Johannes Brahms ist häufig in St. Gilgen auf Besuch. Billroth selbst spielt hervorragend Klavier und ist äußerst musikalisch, ebenso wie die Familie von Frisch, deren vier Söhne sich regelmäßig zu einem Streichquartett zusammenfinden. Gemeinsame Hausmusik ist eine der Beschäftigungen, denen im Brunnwinkl beinahe täglich nachgegangen wird. Auch Marie von Ebner-Eschenbach verbringt ab 1889 zehn Jahre lang ihre Sommer in St. Gilgen und gehört zu den regelmäßigen Gästen im Brunnwinkl.

Eine besondere Leidenschaft bewegt Karl, den jüngsten der Frisch-Söhne: die Biologie. Schon als 17-Jähriger beginnt er 1903, eine Sammlung der Fauna und Flora des Brunnwinkls und der weiteren Umgebung zusammenzutragen. „Karl, ein Viech!“, lautet der Ruf, mit dem die anderen Brunnwinkler ihn auf Schmetterlinge, Käfer oder ähnliche Fundstücke hinweisen. Bald ist in einem der Häuser ein „Museum“ untergebracht.

Im Lauf von acht Jahrzehnten schwillt die Sammlung auf über 4700 Einzelobjekte an, es sind vor allem Insekten, Reptilien, Amphibien und Fische, die seit Mitte der
Geschichte 35
1980er-Jahre im **heimatkundlichen Museum St. Gilgen** zu besichtigen sind. Karls besonderes Interesse gilt den Insekten. Er studiert in München Zoologie, erwirbt seinen Doktortitel und beginnt in den Sommern der Jahre 1912 und 1913 im Brunnwinkl mit ersten Bienenversuchen. Schnell gelingt es ihm, mit seinen Feldstudien die damals vorherrschende Lehrmeinung, derzufolge Bienen farbenblind seien, zu widerlegen. Beim für seine Versuche notwendigen Bienen-Zählen helfen verschiedene Sommerfrischler mit: „Die Brunnwinkler hatten ja Zeit. Jemand hat einmal von ihnen behauptet: ‚Einer tut etwas und die anderen schauen zu.‘“

Von Frisch setzt seine Studien über die Jahre fort, während des Zweiten Weltkriegs untersucht er die große Bienenseuche, die in den Jahren 1940 bis 1942 in Deutschland 800.000 Bienenvölker vernichtete. Er beschäftigt sich mit Dressurarbeiten bei Bienen, um sie zu bestimmten blühenden Pflanzen zu lenken und so die Honigausbeute zu steigern. Anhand von Beobachtungsstöcken mit Glasscheiben kann er mitverfolgen, wie sich eine Biene im Stock verhält, wenn sie einen Futterplatz entdeckt hat. Sie vollführt Rundtänze auf der Wabe, bei denen sie sich nach links und rechts dreht, teilt so ihren Fund mit und versetzt die anderen Bienen in Alarmstimmung. Je reicher der Fund, desto lebhafter der Tanz der Biene. Liegt der gefundene Futterplatz weiter als 100 Meter entfernt, schwenkt die heimkehrende Biene auf einen Schwänzeltanz um, dessen Tempo sich mit zunehmender Entfernung zwischen Futterquelle und Bienenstock verlangsamt. „Beim Rundtanz läuft die Biene auf der Wabenfläche in Kreisen, bald rechts herum, bald links herum; beim Schwänzeltanz läuft sie ein Stück geradeaus, wobei sie lebhaft mit dem Hinterleib schwänzelt, dann in einem Halbkreis zum Ausgangspunkt zurück, es folgt wieder ein geradliniger Schwänzellauf, dann ein Halbkreis nach der anderen Seite usw.“ Beides hat von Frisch schon früher beobachtet. Die Biene informiert mit den beiden verschiedenen Tanzformen über die Entfernung zum Ziel. Von Frischs Beobachtungen im Stockinneren lieferten aber vorerst keine Antwort auf eine andere wesentliche Frage: Wie informiert die Heimkehrerin die anderen Bienen darüber, in welcher Richtung die neue Futterquelle liegt?

„Ich kann die Stunde angeben, in der mir bewusst wurde, wie das zugeht“, schreibt Karl von Frisch viele Jahre später über jenen 15. Juni 1945, an dem er im St. Gilgener Brunnwinkl ein wissenschaftliches Aha-Erlebnis hatte, das ihm knapp dreißig Jahre später den Nobelpreis einbrachte. „Es war die Mittagszeit, als mir auffiel, dass alle Bienen, die von einem 400 Meter nördlich gelegenen Futterplatz kamen, auf der Wabe beim Schwänzellauf nach unten rannten ... Die Tanzrichtung änderte sich aber bei meiner im Norden sammelnden Gruppe in den folgenden Stunden allmählich, entgegen dem Uhrzeigersinn, und zwar um den gleichen Winkelbetrag, um den inzwischen die Sonne im Sinne des Uhrzeigers weitergegangen war.“ Von Frisch hatte eine bahnbrechende Entdeckung gemacht: Die Tänzerinnen geben den anderen Bienen die Richtung zum Ziel mit Bezug auf den Sonnenstand bekannt. Aber nicht nur das: „Sie tun das auf der vertikalen Wabenfläche im finsteren Stock durch einen bemerkenswerten Übersetzungsschlüssel: sie transponieren den Winkel zum derzeitigen Sonnenstand auf den Winkel zum Lot. Ein Schwänzellauf nach oben bedeutet die Richtung zur Sonne, ein Schwänzellauf 40° nach links von der Richtung nach oben weist auf ein Ziel 40° links vom Sonnenstand hin usw.“

Karl von Frisch und seine Mitarbeiter hatten die Tanzsprache der Bienen entschlüsselt.

Erdäpfelkas

Der Erdäpfelkas markiert das kulinarische Ende vieler Spaziergänge und Wanderungen im Salzkammergut: Er ist ein typisches Jausengericht in den lokalen Gasthäusern und auf allen Hütten.

* 1/2 kg mehlige Erdäpfel
* 1 Zwiebel
* 150 g Sauerrahm
* 1/8 l Schlagobers
* Schnittlauch
* Salz, Pfeffer

***

Erdäpfel in der Schale weich kochen, auskühlen lassen, schälen und entweder durch eine Presse drücken oder fein reiben.

Mit der klein gehackten Zwiebel, dem fein geschnittenen Schnittlauch und den restlichen Zutaten vermischen, mit Salz und Pfeffer abschmecken. Etwas ziehen lassen.

Zum Servieren kann man den Erdäpfelkas mit roten Paprikawürfeln dekorieren.

Pofesen

Pofesen sind ein Paradegericht der schnellen köstlichen Mehlspeisenküche. Einfacher und köstlicher geht es wirklich.

* 1 weißer Wecken (nicht zu frisch) oder 8 Toastbrotscheiben
* Powidl
* Rum
* 3 Eier
* Butterschmalz
* glattes Mehl zum Panieren
* Zimt
* Vanillezucker

***

Den Weißbrotwecken in ca. 1,5 Zentimeter dicke Scheiben schneiden. Den Powidl mit etwas Rum abschmecken, einseitig auf die Weißbrot- oder Toastscheiben streichen und je zwei Scheiben wie ein Sandwich zusammenklappen.

Die Eier in einem Suppenteller versprudeln, in einem anderen Teller Mehl mit Vanillezucker und Zimt vermischen.

Die Pofesen im Mehl wenden, anschließend durch die versprudelten Eier ziehen und in der mit Butterschmalz erhitzten Pfanne herausbacken.

„Es ist ein so schöner Ort“

Wolfgangsee: Die Windsors und das „Landhaus zu Appesbach“, ein aquarellierender Chauffeur und ein grantelnder Schriftsteller.

Das zufällige Zusammentreffen mit internationaler Yellow-Press-Prominenz hat immer etwas Berauschendes. Vor knapp zehn Jahren zum Beispiel stand ich eines grauen Herbstnachmittags in Begleitung meines Freundes rein zu meinem Privatvergnügen im Londoner „Natural History Museum“ und betrachtete im Halbdunkel von Saal 23 die Gewinnerphotos des „Wildlife-Photography-of-the-Year“-Awards. Und wie ich da so in aller Ruhe das Konterfei zweier Nashörner im afrikanischen Morgengrauen studiere, schiebt sich von rechts ein pudelbemützter, wintermantelbewehrter Mensch in mein Gesichtsfeld. Ich mag es nicht, wenn mir Co-Ausstellungsbesucher auf weniger als einen Meter naherücken, also drehe ich den Kopf und werfe einen vernichtenden Blick auf ein stupsnasiges Profil und einen aschblonden Zehn-Tage-Bart. „Den kenne ich irgendwoher“, schießt es mir durch den Kopf und dann sofort: „Hilfe! Jetzt bitte keine Gespräche mit verschollenen Kollegen aus der Unterstufe des Gymnasiums!“ Schon will ich mich eilig abwenden, als mir auffällt, dass da eine große, verstohlen glotzende Menschentraube hinter der Pudelmütze herwabert, und mir klar wird, wer da quasi Mantel an Mantel neben mir steht. „Brad Piiittt!!“, kreischt mein innerer Teenager, während der äußere nur mühsam beherrscht den Raum durchquert, meinen Freund in eine Ecke zerrt und ihm möglichst unhysterisch ins Ohr zischelt: „Brad Pitt! Dort drüben!“

Und sonst? Hat sich leider nicht viel abgespielt: Kein Spontaninterview, kein Blick zurück, kein Beginn einer wunderbaren Freundschaft. Dafür fragte tags darauf die „Sunday Times“ in einem achtseitigen Interview: „Wie stiehlt sich ein Superstar ab und an ein bisschen Privatsphäre?“ „Good hats“, sagte Pitt. Von wegen Hut. Braune Pudelmütze.

Damit ist bereits elegant zum englischen Sprachraum übergeleitet, der in diesem Kapitel eine maßgebliche Rolle spielen wird – um genau zu sein: die Bewohner Englands. Denn einige Jahre später kam ich erneut völlig überraschend in den Dunstkreis klatschpresserelevanter Persönlichkeiten. Diesmal Kategorie „Adel und gekrönte Häupter“, die sich von jeher bekanntermaßen gerne im Salzkammergut einfinden. Ich war mit meiner Freundin
Geschichte 36 Mia im **„Landhaus zu Appesbach“**, dem – wie ich mich ohne Einschränkung zu sagen traue – schönsten Hotel im ganzen Salzkammergut.

Das „Appesbach“ ist ein Anwesen im englischen Landhausstil, stilvollendet mitsamt kiesgestreuter Zufahrt, steinernem Treppenaufgang, Jugendstil-Kachelöfen, grünen Fensterläden und pittoreskem Bewuchs von wildem

Wein, der sich im Herbst in den wunderbarsten Gelb-, Rot- und Orangetönen verfärbt und in langen, dekorativen Ranken von den Simsen, Mauervorsprüngen und Balkonen herunterhängt. Erbaut wurde das „Appesbach“ von dem Privatgelehrten Eduard Ortner (1882–1966), der 1912 die Haar- und Brechelstube des Guts zu Pamschwandt mitsamt den dazugehörigen Wiesen und Seegründen gekauft hatte. Die Villa, die er darauf bauen ließ, sollte hochherrschaftliches Flair und diskreten Charme in sich vereinen und schaffte das auf so reizvolle Weise, dass sie bald eine entsprechende Klientel anzog, an die das Ehepaar Ortner ab Ende der 1920er-Jahre Räumlichkeiten im Haus vermietete. Bereits im Jahr 1937 vermeldete eine Zeitung, dass „das Publikum zu 90 Prozent englisch“ sei, wohl weil der britische Gesandte in Wien, Lord Selby, dort zweimal sommers je sechs Wochen verbracht hatte und seine Landsleute fürderhin ebenfalls an den Wolfgangsee weiterempfahl.

Das „Appesbach“ liegt knapp vor dem eigentlichen Ort St. Wolfgang im Ortsteil Au, fast genau in der sogenannten Nierlich-Kurve, deren Name aus dem traurigen Umstand rührt, dass der St. Wolfganger Skirennläufer und dreimalige Weltmeister Rudi Nierlich im Jahr 1991 genau hier bei Starkregen mit seinem Auto von der Straße abkam, frontal gegen eine Hausmauer prallte und tödlich verunglückte.

Von den seeseitigen Balkonen und von der Steinterrasse des „Appesbach“ blickt man über den Wolfgangsee, der der wärmste und hellste aller Salzkammergutseen ist, wie auf ein ausgebreitetes Tablett: Zur Linken bis hin zur Ortschaft Strobl mit dem bewaldeten, rundlichen Berghügerl des Bürgls, gegenüber am anderen Ufer die vom felsigen Spitzzinkengipfel des Sparbers dominierte

Bergkulisse, zur Rechten die Weite des Sees gen Westen bis zu ihrer engsten Stelle nahe der berühmten Wallfahrtskirche von St. Wolfgang mit ihrem noch berühmteren **Flügelaltar** aus dem späten 15. Jahrhundert, dem einzig vollständig erhaltenen aus der Werkstatt des Südtiroler Meisters Michael Pacher.

Kultur 37

Der Garten des „Appesbach" ist groß und weitläufig, mit Wiesen, Strauchgruppen und Bäumen und einem gut versteckt liegenden Tennisplatz. Das Grundstück fällt über einen flachen Hang zum Seeufer ab; zur Liegewiese, den Stegen und dem Bootshaus. In der Spätnachmittagssonne, wenn die Schatten lang werden, der See türkisblau und samtglatt daliegt und nur ab und zu ein Blatt von den alten Buchen und Erlen am Ufer heruntersegelt, fühlt man sich auf den Holzstegen des „Appesbach" wie in einer aus der Zeit gefallenen, ruhigen Paradiesblase.

Alles im „Appesbach" ist perfekt: die Menschen, die dort arbeiten, sind zurückhaltend und freundlich, die Stimmung am großen, weißen Kachelofen im Salon ist so plüschig, kuschelig und gediegen, wie die Kuchen und Torten am Nachmittagsjausenbuffet flaumig sind, die Zimmer sind schön, und von der Sauna aus kann man direkt einige in den Hang gebaute Stufen hinunterhüpfen und sich in den See stürzen.

Just dort unten am See saß eines schönen Sommermorgens ein älterer, weißhaariger Mann an einer Staffelei und aquarellierte versonnen das Landschaftspanorama vor seiner Nase. Der Mann trug – und es war heiß an diesem Tag – eine Kniebundhose, gestrickte weiße Stutzen, Haferlschuhe und ein Hemd. Ein fast schon skandalöser Kontrast zu den Badehosen und Bikinis rundum. Auch insgesamt schien er uns von einer distanzierten Vornehmheit umflort. Neben ihm auf einer Liege lag seine Frau hingestreckt und döste mit geschlossenen Augen in der Sonne. Sie wiederum trug einen dieser großflächig gemusterten, stoffreichen Badeanzüge, deren Büstengestaltung wie aus Beton gegossen wirkt und von denen man sich vorstellt, ihre Trägerinnen würden frühmorgens vor dem Strandgang darin eingemauert, um abends mit Hammer und Meißel wieder herausgehauen zu werden. Mit einem Wort: ein herrliches Paar, wie gemacht, um einem ein paar unbeschwerte, fantasiereiche Augenblicke der müßiggängerischen Beobachtung vom eigenen Liegestuhl aus zu bescheren.

Sie waren uns also schon längst äußerst positiv aufgefallen, als wir zugeraunt bekamen, bei dem Mann handle es sich um einen Engländer namens Arthur Barty und er sei der Chauffeur der Queen Mum. Der Chauffeur der Queen Mum! Wir konnten uns kaum halten vor Begeisterung und hielten ihn mit noch mehr Animo unter Beobachtung. Ob er gelegentlich mit der Queen Mum einen Gin Tonic trank? Ob er auch mit Prinz Charles und den Prinzen William und Harry zu tun hatte? Und hatte er Diana gekannt?

Jedenfalls waren wir durch ihn nur eine Person weit vom britischen Königshaus entfernt und erfuhren außerdem, dass der aquarellierende Mr. Barty, der von Berufs wegen die als lebenslustig bekannte Queen Mum in einem auberginefarbenen Jaguar von Rolls-Royce-Ausmaßen herumkutschierte, in seinem privaten Urlaubsquartier nur eine Windsor-Tradition fortsetzte, die 70 Jahre zuvor bereits von einem glücklosen britischen König begonnen worden war. Von März bis Mai 1937 nämlich weilte Edward VIII., der spätere Duke of Windsor, im „Apesbach“. An der Rezeption hängt auch heute noch ein großes Schwarz-Weiß-Foto, das ihn auf der Terrasse des

Hauses zeigt, in Anzug und Krawatte lässig halb sitzend, halb an der steinernen Brüstung lehnend, eine Zigarette in der rechten Hand, die linke in die Tasche seines Sakkos versenkt. Ein englischer Gentleman vor See- und Gebirgskulisse!

Folgerichtig gibt es im „Appesbach" auch eine geräumige „Windsor-Suite", und wer will, kann dort ins selbe in den Boden versenkte, grün-weiß verflieste Badezimmertauchbecken wie Edward steigen, im selben Bett schlafen und seine Kleider in dieselben weiß lackierten Kästen hängen.

Als Edward – orchestriert von untertänigster lokaler Presseberichterstattung – am Ostermontag 1937 in St. Wolfgang eintraf, lag seine Abdankung als britischer König und die damit verbundene Erschütterung, die das gesamte britische Empire wie der Vulkanausbruch des Krakatau getroffen hatte, gerade erst drei Monate zurück. Edward war erschöpft. Nur knapp ein Jahr hatte er regiert, bevor er das königliche Handtuch geworfen hatte, um seine große Liebe, die nicht standesgemäße, noch dazu geschiedene amerikanische Millionärin Wallis Simpson, heiraten zu können. Nun stand die lang ersehnte Hochzeit in nur knapp einem Monat tatsächlich bevor. Allerdings hatte er Wallis seit seiner Abdankung nicht gesehen. Aus dem „Appesbach" schickte der waidwunde Edward Fotos von seinem Hund Pookie an Wallis und schrieb dazu: „Es ist ein so schöner Ort ... aber es macht mich zornig, wenn ich denke, dass ein ganzes Drittel dieses Jahres damit vergeudet wurde ... dass wir nicht zusammensein durften und konnten."

Selbstverständlich ist das der Stoff, aus dem die tränendrückenden Klatsch-Geschichten der 1930er-Jahre gestrickt waren. Das St. Wolfganger „Appesbach" spielte darin eine nicht unbeträchtliche Rolle. Ihre erste Liebesbande hatten Edward und Mrs. Simpson dort nämlich schon im September 1935 geknüpft, als letztere – Skandal! – noch nicht von ihrem amerikanischen Ehemann geschieden gewesen war. Schon damals waren die beiden zu einem geheimgehaltenen gemeinsamen Besuch im „Appesbach" zusammengekommen. Das beweist vor allem auch eine Reihe von Schmuckstücken und Briefen, die 1987 nach dem Tod von Wallis Simpson bei Sotheby's in Genf versteigert wurde. Darunter ein Rubinanhänger mit der Gravur „22. September 1935 David – Wallis St. Wolfgang" (im Freundeskreis wurde der Herzog „David" gerufen – einer seiner zahlreichen christlichen Vornamen). Es heißt sogar, dass in Edward ausgerechnet während dieses kleinen Liebesurlaubs der Entschluss gereift sei, Wallis Simpson zu heiraten und auf den Thron von England zu verzichten.

Das ist nicht wenig für ein Hotel, über das knapp 15 Jahre später ein grantelnder Thomas Mann in sein Tagebuch schrieb: „St. Wolfgang, Pension Appesbach, Dienstag, den 12. VIII. 52 ... eine Sorge sind hämorrhoidale Beschwerden" und „absurde Hitze" und „auf der Terrasse Kaffee getrunken, da der Thee gar zu miserabel". Der Gast des Hauses, der im Jahr 2003 auf die Stelle in den Mann-Tagebücher gestoßen, sie kopiert und an den Direktor des „Appesbach" geschickt hatte, ließ es sich allerdings nicht nehmen zu erwähnen, dass es „an der Qualität des Tees heute nichts mehr auszusetzen" gibt.

Mousse von geräucherten Süßwasserfischen

Dieses erlesene Gericht passt hervorragend zum feinen „Landhaus zu Appesbach", das direkt am See mit all seinen Fischen liegt.

* 5 Räucherfischfilets (z. B. Saibling, Forelle, Reinanke)
* 200 ml Schlagobers
* 300 ml Wasser
* 4 Blatt Gelatine
* 2 mittelgroße Tomaten, enthäutet und geviertelt
* etwas Zitronensaft
* Salz, Pfeffer

***

Die Fischfilets von der Haut befreien – so sie noch eine haben – und zusammen mit den geviertelten Tomaten und dem Wasser in einem Topf aufsetzen und ca. 30 Minuten leicht köcheln lassen. Dann alles zusammen mit einem Pürierstab gut mixen. Die Gelatineblätter in kaltem Wasser einweichen, ausdrücken, in einem kleinem Topf erwärmen und die verflüssigte Gelatine unter das Mus rühren. Mit etwas Zitronensaft, Salz und Pfeffer abschmecken.

Die Mousse auskühlen lassen und dann das geschlagene Obers unterheben. Nun eine Terrinenform mit Klarsichtfolie auslegen, die Masse einfüllen, mit Klarsichtfolie abdecken und mindestens vier Stunden im Kühlschrank durchziehen lassen. Zum Servieren aus der Terrine stürzen und in Scheiben schneiden.

Dazu passen zum Beispiel Oberskren und Vogerlsalat.

Geröstete Eierschwammerl

In der Schwammerlsaison im Hochsommer wird im Salzkammergut heftig ausgeschwärmt und „gebrockt". Die Schwammerl, die sich taufrisch am häufigsten auf den regionalen Karten finden, sind die Eierschwammerl. Hier in einem klassischen Rezept.

* ca. 3/4 kg Eierschwammerl (sauber geputzt)
* 2 kleine Zwiebeln
* 6 Eier
* Butter
* Salz, Pfeffer
* Petersilie

***

In einer großen Pfanne Butter erhitzen, die Zwiebeln darin anschwitzen, die Eierschwammerl – die je nach Größe im Ganzen oder geschnitten verwendet werden – dazugeben und anrösten.

Die Eier versprudeln und darübergießen. Alles gut durchmischen und durchrösten, mit Salz und Pfeffer würzen und vor dem Servieren mit etwas klein geschnittener Petersilie bestreuen.

Eine ideale Beilage zu gerösteten Eierschwammerln sind Petersilerdäpfel oder einfach grüner Salat.

90 Prozent Wasser

Strobl am Wolfgangsee und das Blinklingmoos: Ein überraschendes Torfmoor mit Sonnentau, Mehlprimel und Besenheide, ein köstliches Brot und ein Steg, so schön, dass einem das Herz beinahe stehen bleibt.

Vom „Landhaus zu Appesbach" am Ortsanfang von St. Wolfgang ist es nur ein kurzer Spaziergang nach Osten Richtung Strobl, um zum bereits erwähnten, nur gut 700 Meter hohen, dicht bewaldeten Berghügel des Bürgl bei Strobl zu kommen. Bevor man das tut, empfiehlt sich allerdings ein kleiner Schlenker nach Norden den Schwarzenbach hinauf in ein feuchtes, schmales Tal, an dessen Ende nach ein paar hundert Metern die Grabenmühle liegt. Dort wird ein sehr feines Roggen-Sauerteigbrot gebacken, das man in einer duftenden Backstube direkt vor Ort kaufen kann. Aus der gesamten Gegend um den Wolf-
Kulinarik 38 gangsee und bis nach Ischl ist das **Grabenmüller Holzofenbrot** so bekannt, dass die Leute extra hierher fahren, um sich damit einzudecken. Es ist die Fahrt wert, genauso wie die Grabenmühle selbst mit ihren über die gesamte Hausfassade laufenden, äußerst kunstvoll geschnitzten

Holzbalkonen. Falls man es einmal doch nicht hierher schaffen sollte, kriegt man das Brot außerdem im großen Strobler Spar und im Lagerhaus Bad Ischl – beide direkt an der Bundesstraße gelegen.

Doch zurück zum Bürgl: Von St. Wolfgang aus erreicht man ihn quasi von der Maschek-Seite her, was aber den Eindruck, der einen dort erwartet, nicht weiter schmälert. Umrundet man ihn nämlich auf der Seeseite, gelangt man unweigerlich auf einen an den Bergfels gebauten **Holz-** 39 Natur
steg, der direkt über dem Wasser dahinführt. Im Sommer ist der Weg bis in den Abend, bis halb neun, neun Uhr, sonnenbeschienen und in ein goldenes Licht getaucht. Beugt man sich über das Holzgeländer und schaut hinunter ins Wasser, das sich vom Ufer weg von Grünlich-Weiß über alle Schattierungen von Türkis bis hin zu Blau verfärbt, sieht man bis zum Grund und auf gemächlich mit ihren Flossen vor sich hin fächelnde Fische. In einer kleinen Felsnische steht eine genau nach Westen und in die Abendsonne ausgerichtete Bank, von der aus man sich jederzeit weit weg in den Süden träumen kann. Fast mediterran wirkt hier der Alpensee mit seinen von der Sonne aufgeheizten Felsen, den Pflanzen, die sich in den Felsspalten festkrallen, und den weiß verblichenen, knochentrockenen Ästen, die ans steinige Ufer geschwappt werden. Im Sommer balancieren Buben auf dem Geländer und köpfeln von dort laut schreiend und von einander angefeuert ins Wasser.

Nach dem Steg setzt sich der Weg entlang des Sees Richtung Strobl fort, an dessen Ufer hier eine Reihe von großen hölzernen Bootshäusern steht. Am Hang des Bürglsteins blühen im frühesten Frühjahr schon die weißen Blütenbecher der Schneerosen, leuchten aus dem Fichtenwald wie helle Gesichter, werden dann von lila Heide-

kraut und danach von verstreuten Knabenkrautorchideen abgelöst. Der Weg ist weit davon entfernt, ein Geheimtipp zu sein, aber er ist immer bezaubernd, und wenn ich jemanden – ohne ihn irgendeiner Art von Wanderanstrengung auszusetzen – restlos ins Salzkammergut verliebt machen möchte, dann ist dieser Weg rund um den Bürgl eine sichere Methode dafür. Um dann noch eins draufzusetzen, wirkt genauso ein Spaziergang durchs
Natur 40 **Blinklingmoos.** Das liegt genau gegenüber, auf der Südseite des Sees. Eine Wanderung in dieses Moorgebiet hinein beginnt man am besten am Strobler Sportplatz.

An dieser Stelle schloss ich mich an einem frühen Morgen Mitte Juni einer der Naturführungen von Johann Linortner, dem Obmann des Moorvereins, an. Linortner ist ein forsch ausschreitender Mann mit schneeweißem Haar und ebensolchem Vollbart, der alles weiß, was es über das Blinklingmoos zu wissen gibt. „Das Blinklingmoos ist eines der naturbelassensten und besterhaltenen Hochmoore in ganz Mitteleuropa, weil hier so gut wie nie Torf abgebaut wurde“, erzählt Linortner, während er den Spazierweg gewordenen, schnürlgeraden Bahndamm der ehemaligen Salzkammergutbahn entlangschreitet, die – im Auftrag Kaiser Franz Josephs von italienischen Gastarbeitern innerhalb von nur zwei Jahren mit Schaufeln und Pickeln erbaut – Ischl mit Salzburg verband. Von 1893 bis 1957 war die Schmalspurbahn in Betrieb. In einem Zeitungsbericht aus dem Jahr 1937 heißt es, der Blick vom Nordufer aus fände „auf dem gegenüberliegenden Ufer die Lokalbahn Ischl–Salzburg, kinderspielzeughaft aussehend“ wieder. Eine andere Bahn aus dem letzten Jahrzehnt des 19. Jahrhunderts mutet übrigens, aus der Ferne betrachtet, bis heute „kinderspielzeughaft“ an: Die Loks und
Natur 41 Waggons der **Zahnradbahn in St. Wolfgang**, die unter

Hinterlassung langer, weißer Dampffahnen langsam die Flanke des Schafbergs bis fast auf den Gipfel hinaufkriechen und -keuchen, um dort ganze Horden knipsbereiter japanischer Touristen auszuspucken, die es eigenen Fußes niemals auf den Schafberg hinaufgeschafft hätten.

Die Salzkammergutbahn hingegen, die es inzwischen nicht mehr gibt, führte durch das Blinklingmoor, von dessen erstaunlicher Intaktheit Johann Linortner an diesem Morgen berichtet. Es gab keine Industrie im Salzkammergut, und was an Heizenergie für Betriebe gebraucht wurde, konnte leicht aus den Unmengen an vorhandenem Holz gewonnen werden. Aufs Torfstechen musste also nie so weit zurückgegriffen werden, dass es dem Moor Schaden zugefügt hätte.

Sobald man ins Moor hineinkommt, spürt und sieht man, dass die Grenze zu einer vollkommen anderen Landschaft überschritten wurde. Im zentralen Hochmoor, das sich über 25 Hektar erstreckt, fühlt man sich plötzlich wie in einer sibirischen Tundralandschaft en miniature: Vereinzelte kleine Moorbirken, dazu niedrige Latschen und ansonsten dicker Moosboden mit holzigen Büscheln von Heidekraut, Rausch-, Moos- und Preiselbeere. Dazu die wattigen, weißen Büschel des Wollgrases. Weiter draußen im Flachmoor blühen je nach Jahreszeit ganze Kolonien von Wiesenknöterich mit seinen rosa Zahnbürstel-Blütenständen, von Knabenkrautorchideen, von blauvioletten, hohen Iris oder von Mehlprimeln, die um den Muttertag herum ihre schönste Pracht entfalten und daher traditionell auch die Blumen waren, die man seiner Mutter zum Geschenk machte.

Johann Linortner gestattet einen kleinen Abstecher vom Weg ins geschützte Moor hinein. Dort zückt er seinen langen Wanderstock und treibt ihn mit einem einzi-

Birken gesäumter Spazierweg durchs Blinklingmoos bei Strobl am Wolfgangsee

gen Ruck in den Boden, sodass nur mehr ein kurzes Stück davon herausschaut. „Ziehen Sie ihn heraus!“, sagt er auffordernd. Mit einiger Anstrengung gelingt es mir, den Stock aus dem Moorboden zu ziehen, leise quatscht und platscht es, und der Stock ist von oben bis unten mit einer dunkelbraunen, glatten Moorschlamm-Schicht überzogen. „Die Moosschicht ist 20 Zentimeter dick, das Moor an seiner dicksten Stelle acht Meter tief. Es besteht zu 90 Prozent aus Wasser“, erläutert Linortner heiter, als eine meiner völlig ortsungeeigneten Gummi-Galoschen vom Moor praktisch eingesaugt wird, ich unwürdig herausstolpere und sofort mit bloßem Fuß bis über den Knöchel im rotbraunen Moorwasser stehe. Zufällig direkt neben einem Sonnentau. Diese kleine fleischfressende Pflanze ist eine typische Moorbewohnerin: Ihre mit Klebetropfen besetzten Drüsententakel, an denen Insekten hängenbleiben sollen, glitzern verführerisch im Sonnenlicht.

Vor 10.000 Jahren ist das Moor in dieser von einem Gletscher ausgehebelten Mulde entstanden, in der auch der daran anschließende Wolfgangsee selbst liegt. Gespeist von Regenwasser, bildet es sich aus Torfmoosen, die nicht ganz verfaulen können, weil sie immer im Wasser stehen. Im Moment wächst das Hochmoor nicht von selbst weiter, weil die Wassergräben an seinem Rand den Wasserspiegel senken.

Linortners Moorverein ist vor gut zehn Jahren angetreten, um dem von Verwaldung bedrohten Moor Hilfe zu leisten. Vor sechzig Jahren, erzählt er, hätte es im Hochmoor kaum Bäume gegeben. Inzwischen gibt es zahlreiche Flecken, an denen Baumgruppen wachsen, die vom Moorverein an organisierten Schwendtagen – also Rodungstagen – entfernt werden, um dem Hochmoor auch an diesen Stellen sein ursprüngliches Aussehen zurückzugeben.

Früher, erzählt Linortner, sei es üblich gewesen, zu Allerheiligen die Gräber mit Latschenzweigen aus dem Moor zu schmücken. Ebenso üblich war es, dass die Leute bis aus Bad Ischl kamen, um sich im Moor Birkenreiser für ihre Langbesen und kleinere Ästchen für die kurzen Besen zu schneiden. Daher auch der Name Besenheide.

Das zentrale Hochmoor sowie das es umgebende Flachmoor durchziehen Spazierwege, kleine Pfade führen hinunter zum See. Bis vor Kurzem gab es eine flache Seestelle, an der sich eine Nacktbadeszene etabliert hatte. Da auch sie inmitten des Naturschutzgebietes lag, wurde der Seezugang an dieser Stelle verboten und dem Nacktbaden ein Ende bereitet. Trotzdem muss man nicht darauf verzichten, dort ins Wasser zu gehen, wo der See besonders Natur 42 schön ist. Denn das **Gemeindebad Strobl**, das sogenannte Wassbad, liegt ebenfalls inmitten des Schutzgebietes. Dort gibt es eine riesige Liegewiese und eine ganze Menge vorlauter Schwäne, die den Badehandtüchern unverschämt und mitunter bedrohlich nahekommen, sobald dort Äpfel und anderes aus Schwanenperspektive Reizvolles verzehrt wird. Auch das ist eine unvergessliche Erfahrung: Mit geschlossenen Lidern auf dem Rücken zu liegen, genüsslich in einen Apfel zu beißen, um sich dann, beim Aufschauen, plötzlich Auge in Auge mit einem Schwan wiederzufinden.

Jagawecken

Den Jagawecken kann man am Vortag schnell vorbereiten. Er stellt sich quasi über Nacht selbst fertig und lässt sich tags darauf als perfektes Essen für einen Ausflug an den See mitnehmen.

* 1 weißer Wecken
* 300 g Wurst im Ganzen (Schinken, G'selchtes und Braunschweiger gemischt)
* 250 g milder Bergkäse
* 6 Essiggurkerl, klein gehackt
* 1 roter Paprika, klein gehackt
* 3 hart gekochte Eier
* 150 g Topfen
* 100 g Butter
* Senf
* Sardellenpaste
* Salz, Pfeffer
* gehackte Petersilie
* gehackter Schnittlauch

***

Zuerst den Wecken an einem Ende abschneiden und diesen mit einem passenden Kochlöffel oder Messer aushöhlen, sodass ein ca. 1 bis 1,5 Zentimeter dicker Rand übrig bleibt.

Das weiche Brotinnere, die Schmolle, beiseite legen. Nun die Wurst und den Käse kleinwürfelig schneiden und mit den klein gehackten harten Eiern, dem roten Paprika und den Essiggurkerln vermischen. Die handwarme Butter mit dem Topfen verrühren, Senf, Sardellenpaste sowie die übrigen Gewürze dazugeben und das Ganze mit dem Wurst-Käse-Eier-Gemisch vermengen.

Zum Schluss auch noch die klein geschnittene Schmolle hinzufügen. Alles noch einmal würzig abschmecken und in den hohlen Wecken füllen. Diesen mit dem angeschnittenen Ende verschließen, in Alu- oder Klarsichtfolie wickeln und am besten über Nacht im Kühlschrank ziehen lassen.
Zum Servieren in Scheiben aufschneiden.

Leberbunkl

Das Leberbunkl ist, kalt genossen, ein idealer Pasteten-Begleiter zu Picknicks aller Art.

* 500 g Schweinsleber, wenn erhältlich zusätzlich
* 250 g Schweinsbackerlfleisch
* 250 g Semmelwürfel
* 1 Schweinsnetz
* 80 g Butter
* 20 ml Milch
* 1 größere Zwiebel
* 2 Eier
* Majoran
* Salz, Pfeffer
* etwas geriebene Zitronenschale

***

Die Leber mit dem Schweinsbackerlfleisch beim Metzger faschieren lassen oder zu Hause durch den Fleischwolf drehen. Die fein gehackte Zwiebel in der zerlassenen Butter glasig dünsten. Die Semmelwürfel in eine Schüssel geben, mit Milch übergießen, die gedünsteten Butterzwiebeln sowie die faschierte Fleischmasse hinzufügen und mit den Eiern und den Gewürzen gut durchmischen. Dann das Schweinsnetz gut auswässern, trocken tupfen und eine Rein so damit auslegen, dass es überhängt.

Die Lebermasse einfüllen und das über den Rand hängende Schweinsnetz darüber zusammenschlagen.

Die Rein für eine schwache Stunde in das auf ca. 160 Grad vorgeheizte Backrohr stellen. Zum Servieren wird das Leberbunkl in der Rein in Scheiben geschnitten, die dann herausgehoben werden. Dazu passen Sauerkraut und Petersilerdäpfel.

Das Leberbunkl kann auch kalt wie eine Pastete gegessen oder klein geschnitten als Suppeneinlage verwendet werden.

Die Kunst des Meisters

Ausseerland: Vom Machen und Tragen von Lederhosen und Dirndlkleidern, von Einheimischen und Zugereisten, vom Freiklettern und Freiluftinhalieren und von zwei Gräbern an der Altausseer Friedhofsmauer.

Vor der Eingangstür zu Christian Raichs **Lederhosenschneiderei** stießen wir mit einem älteren Bad Ausseer zusammen, der uns erwartungsvoll anschaute. In der Hand trug er ein Plastiksackerl. Es wirkte, als wollte er angesprochen werden. „Aha“, sagte ich auffordernd, „haben Sie Ihre neue Lederhose abgeholt?“ Wie auf Befehl griff der Mann glücklich in sein Sackerl, förderte eine wunderbar abgetragene, hellbraune, kurze Lederhose mit grüner Stickerei zutage und sagte aufgeräumt: „Ich hab mir nur einen Knopf annähen lassen.“ Ausgiebig bestaunten wir die Hose. „Die ist mindestens 200 Jahre alt“, teilte uns der Mann mit. Wir stießen kleine Schreie der Bewunderung aus. Sichtlich animiert durch unsere Begeisterung, hielt uns der Mann die Hose zum Befühlen entgegen und berichtete sofort von einem deutschen Touristen, der ihm einmal im Wirtshaus jede Summe für die

43 Handwerk

Hose angeboten habe. „Sag, wie viel du dafür willst", habe der Tourist ein ums andere Mal wiederholt. Natürlich habe er – der Mann blickte nun schelmisch – das unsittliche Angebot umgehend abgelehnt, woraufhin der Tourist ihn angefleht habe, die Hose nur einmal, ein einziges Mal, anprobieren zu dürfen. Gütig sei er darauf eingegangen, doch sobald der Tourist schließlich in der Lederhose gesteckt sei, habe er gesagt: „So, und jetzt zieh ich sie nimmer aus!", habe sein Scheckbuch gezückt und erneut gerufen: „Ich zahl dir jede Summe. Da, trag dir selber ein, was du dafür willst!" An dieser Stelle sei der Spaß für ihn zu weit gegangen, ließ uns der Mann wissen. Unter Androhung von Handgreiflichkeiten habe er den frechen Touristen wieder aus seiner Lederhose herausgeholt und ihn mit der frei schwebenden Drohung „Und jetzt schau, dass d' weiterkommst, bevor i ..." zurechtgewiesen.

Noch ganz im Banne dieser herrlichen Anekdote betraten wir Meister Raichs Lederhosenwerkstatt, – so wie Handwerk 44 jene von **Johanna Röhrenbacher** in Aigen-Vogelhub bei Strobl – zu den Hot-Spots der kundigen, traditionsreichen und heiß begehrten Lederhosenmacherei gehört. Wir schwärmten von unserer Begegnung zwischen Tür und Angel und wurden jäh auf den Boden der Wirklichkeit zurückgeholt. „Geh! So ein Unsinn", sagte Christian Raich langsam und bedächtig, wie es seine Art ist, „die Hose ist höchstens 70 Jahr' alt." Christian Raich schüttelte leicht den Kopf und fügte philosophisch hinzu: „Aber es wird ja niemand geschädigt, wenn er's anders erzählt" und wandte sich wieder unserem Freund Andi zu, der aus Wien gekommen war, um sich eine Lederhose anmessen zu lassen. Wichtige Entscheidungen waren zu treffen: schwarzes Hirschleder oder braunes, smaragdgrüner, fichtengrüner oder grasgrüner Faden für die Nähte und

Stickereien, fünf- oder siebennähtig, mit hellem Altausseer oder schwarzem Grundlseer „Bürsel"? Nachdem er Maß genommen hatte, fragte Christian Raich, während er sich über sein dickes Auftragsbuch beugte und Notizen machte: „Brauchen S' die Hose noch nächstes Jahr?" – „Äh, schön wär's schon", sagte Andi vorsichtig und fragte: „Rufen Sie mich an?" Jetzt huschte ein leises Lächeln über Meister Raichs Gesicht: „Nein, Sie rufen mich an!" Mutig geworden, riskierte Andi einen kleinen Scherz: „Na, dann ruf ich Sie gleich nächste Woche an!" Meister Raich gluckste belustigt und sagte gedehnt: „Jaa, anrufen können S' mich eh ..." Der zu erwartende Preis der handgearbeiteten und bestickten Hose wurde selbstverständlich mit keinem Wort erwähnt. Andi fand, danach frage man nicht. Später, als wir eine Runde um den Altausseersee spazierten und auch in der **Gradieranlage**, der Sole- 45 Skurriles freiluftinhalationsanlage des Orts, ein paar tiefe, heilende Lungenzüge aus Salz- und Tannenduft nahmen, erzählte er von jemandem, den er kürzlich kennengelernt hatte und der sich ebenfalls bei Christian Raich eine Lederhose habe machen lassen. Die Hose sei schon fertig und sie sei ihm eine Spur zu eng. „Und?", fragte ich, „lässt er sie sich umarbeiten?" „Nein", sagte Andi lachend, „er traut sich schon seit Monaten nicht, deswegen bei Christian Raich anzurufen." „Er könnte doch nur einfach ein bisschen zugenommen haben", sagte ich. „Ja, aber er traut sich trotzdem nicht."

So ist es mit den Zugereisten. Sie sind mitunter so peinlich darauf bedacht, im Salzkammergut den richtigen Ton zu treffen, dass ihnen die alltäglichsten Selbstverständlichkeiten schwierig werden – gerade, was Lederhosen und Dirndlkleider anlangt, die nirgendwo in vergleichbarer Dichte auftreten wie im Ausseerland. Wer

Die Trisselwand und ihr Spiegelbild über und im Altausseersee

zum allerersten Mal hierher kommt, blickt misstrauisch um sich und fragt sich, ob er vielleicht nur einfach nicht mitgekriegt hat, dass es sich an diesem fraglichen Tag um eine Art Trachtentag handelt. Da müssen gar nicht erst besondere Lustbarkeiten wie das Ausseer Narzissenfest stattfinden oder das Altausseer Bierzelt, damit man allenthalben auf Dirndlkleider und Lederhosen stößt, Einheimische und Gäste gleichermaßen. Thomas Bernhard, der in **Ohlsdorf** bei Gmunden lebte, geht in „Elisabeth II.“ allerdings streng mit den trachtenbewehrten Zugereisten in Altaussee ins Gericht: „Schriftsteller, Komponisten, Komödianten / dieses ganze Gesindel ... gehen in Dirndlkleidern herum und in Lederhosen / und machen sich mit Fleischhauern und Holzhackern gemein“. Weniger streng und doch ähnlich spitz sieht die Angelegenheit ein anderer Schriftsteller, nämlich Alfred Komarek, der als geborener Bad Ausseer natürlich einen beträchtlichen Heimvorteil genießt: „Dass jene Gäste, die sich mit Bedacht und Bemühen ausseerisch kleiden, trotzdem die Metamorphose zum Einheimischen nicht gänzlich vollziehen können, liegt einfach daran, dass es ihnen verwehrt war, Generationen hindurch ins heimatliche Gewand hineinzuwachsen.“ So einfach ist das! 46 Kultur

Einer, der es mit der Anverwandlung an die Einheimischen sehr weit trieb, war der Schriftsteller Jakob Wassermann, der einer jener zahlreichen ausseerlandverliebten Autoren ist, deren Leben und Werk auch im **Literaturmuseum Altaussee** dokumentiert sind. Er übersiedelte gleich ganz ins Ausseerland. Animiert durch die Beschreibungen seines Freundes Hugo von Hofmannsthal, kommt er zum ersten Mal 1904 nach Altaussee, 1919 lässt er sich dauerhaft dort nieder. Ihm, dem jüdischen Städter aus dem deutschen Fürth, der ein viel gelesener Roman- 47 Kultur cier ist, kommt die Abgeschiedenheit des Ausseerlands gerade recht – auch in verschneiten Wintern. „Wir sind hier so fern von allem, als wären wir in Grönland. Ich entbehre nichts, nicht Menschen, nicht Dinge, nicht Spiel, nicht Gesellschaft." Wassermann wird in Altaussee bleiben – bis zu seinem frühen Tod im Jahr 1934. Inzwischen hat der Nationalsozialismus in Deutschland Fuß gefasst, die Nazis haben seine Bücher verbrannt und verboten, Wassermann, einer der meist gelesenen Autoren seiner Zeit, ist ruiniert. Er stirbt als gebrochener Mann. Sein Grab ist auf dem Friedhof von Altaussee.

Geschichte 48 Ich wandere kaum fünf Minuten auf dem **Altausseer Friedhof** oberhalb des Sees umher, bevor ich Wassermanns Grab finde. Es liegt direkt an der Friedhofsmauer, in Sichtweite jener Villa, in der Wassermann den Großteil seiner Altausseer-Jahre verbrachte. Grabstein und Grabplatte sind aus hellrot-schwarzem Marmor. Besucher des Grabs haben, wie es jüdischer Brauch ist, an den Fuß des Grabsteins kleine Steine gelegt. Auch auf einem zweiten Grab an dieser Friedhofsmauer liegen zahlreiche kleine Steine. An seiner Stirnseite ist ein metallener Kranz mit Widmungstafel angebracht, darauf die italienische Inschrift: „A Paul Preuss. Il più grande Alpinista di tutti i tempi" [sic]. Für den größten Alpinisten aller Zeiten wurde Paul Preuß nicht nur vom italienischen Bergsteiger und Filmregisseur Severino Casara gehalten, der Kranz und Widmung 1969 an Preuß' Grab anbringen ließ und die erste Preuß-Biografie schrieb. Auch Reinhold Messner hält ihn für eine absolute Ausnahmeerscheinung. Als einer der ersten – so Messner – verstand Preuß, dass sich das Bergsteigen nur weiterentwickeln könne, wenn der Mensch zumindest zum Teil auf Hilfsmittel verzichtete. „In der Beschränkung liegt die Kunst des Meisters. Der

Mensch sollte einem Problem gegenüber wachsen, nicht der technische Aufwand bei dessen Lösung“, schrieb Preuß. Folgerichtig akzeptierte er Seil und Felshaken nur als Notfallshilfen. Er forderte, alle Stellen, die man frei hinaufklettere, müsse man auch frei und ohne jede Sicherung hinunterklettern können. In seiner eigenen Laufbahn als Kletterer setzte er nur zwei Haken: nämlich an der Trisselwand, seinem Hausberg oberhalb des Altausseersees.

Preuß, 1886 in Altaussee als Sohn eines jüdischen Musikers aus dem ungarischen Pécs und einer elsässischen Mutter geboren, bestieg als Elfjähriger seinen ersten Gipfel in den Bergen des Salzkammerguts. Er studierte Biologie in Wien und München, wo er ab 1911 eine Assistentenstelle am Botanischen Institut innehatte. Wann immer es sich zeitlich vereinbaren ließ, fuhr er aber heim ins Ausseerland zum Bergsteigen. Legendär wurden seine Trainings-Klimmzüge an zwei umgedrehten Gläsern auf der Oberseite eines Kleiderkastens im Haus seiner Eltern. Seine Karriere als Alpinist war ebenso kurz wie erfolgreich: mehr als 1200 Gipfel, davon allein im Sommer 1911 93 in Nordtirol und den Dolomiten. Die kühnste seiner Touren in der Brentagruppe, eine Besteigung der Felsnadel des Campanile Basso, konnte erst 17 Jahre später wiederholt werden. „Dieses Meisterwerk einer Route – senkrechter Fels, logische Linienführung, große Ausgesetztheit – kletterte Preuß frei, ohne jede Seilsicherung im Auf- und im Abstieg. Nur in der Wandmitte hielt er kurz an, um ein Stück Papier mit Datum und Unterschrift zu hinterlegen. Mit keiner Erstbesteigung hat Preuß seinen Geist, sein Können, sich selbst so klar ausgedrückt wie mit der Ostwand der Guglia di Brenta“, schreibt bewundernd der „Land-der-Berge“-Macher und Alpinhistoriker

Lutz Maurer. Preuß wusste um das Risiko seiner Art des Bergsteigens. Knapp vor seinem Tod notierte der 27-Jährige hellsichtig: „Wir, die wir in den Bergen nicht allein die Schönheit wollen, sondern auch den Kampf und durch den Kampf die Schönheit, die aus unserer eigenen Seele kommt – wir sehen klar und ruhig, dass ein Zufall uns einmal aus Siegern zu Besiegten machen kann. Nur wer dies nicht sehen will, spielt leichtsinnig mit dem Leben. Wer das Spiel klar überschaut und trotzdem ‚ja' zu dem Spiel sagt, den soll man nicht schelten. Es gibt Gewinne, die den höchsten Einsatz wert sind!" Der Zufall ereilte Preuß am 3. Oktober 1913, als er am Mandlkogel im Gosaukamm abstürzte. Seine vom ersten Schnee bedeckte Leiche wurde erst nach einigen Tagen gefunden.

Preuß, der bereits zu Lebzeiten ein legendärer Alpinist gewesen war, geriet in Vergessenheit – nicht zuletzt deswegen, weil auch er, wie Jakob Wassermann, Opfer des Antisemitismus wurde, der sich bald nach seinem Tod immer stärker verbreitete. In der Zwischenkriegszeit führten österreichische und deutsche alpine Vereine den Arierparagrafen ein, und Paul Preuß, Sohn eines jüdischen Vaters, wurde wie viele andere herausragende Bergsteiger jüdischer Herkunft fürderhin totgeschwiegen. Erst Jahrzehnte später, als das Freiklettern seine Anfänge nahm, entdeckte man Preuß als einen der geistigen Väter dieser neuen Sportart wieder.

Rahmsuppe

An der Schlichtheit der Rahmsuppe zeigt sich die Meisterschaft des Kochs oder der Köchin. Fein gemacht, gehört sie zum Besten, was man sich vorstellen kann.

* 250 g Sauerrahm
* 80 ml Schlagobers
* 2 EL Mehl
* ca. 1 Liter Wasser
* Kümmel, ganz
* Essig
* Salz
* Pfeffer
* Schwarzbrotscheiben als Suppeneinlage
* 1 EL Öl

***

Das Wasser zum Kochen bringen und mit dem Kümmel, Salz und einem Spritzer Essig würzen. Das Mehl mit zwei Esslöffeln von dem heißen Wassersud glatt rühren, dann mit dem Rahm und dem Schlagobers mischen, in das kochende Wasser einrühren, aufkochen lassen und mit Salz und Pfeffer abschmecken.

Für die Suppeneinlage schneidet man – idealerweise alte – Schwarzbrotscheiben in Würfel und röstet diese in einer Pfanne mit ein wenig Öl an.

G'selchtes mit Grießknödeln

Dem bodenständigen Charme eines G'selchten erliegen auch die vornehmsten Sommerfrischler.

Für das G'selchte:

* 1 kg G'selchtes (z. B. Schweinskaree, -rollbraten oder -schulter)
* Wurzelgemüse
* 3 Lorbeerblätter
* 1 TL Kümmel, ganz
* 5 Wacholderbeeren
* 5 Pimentkörner
* 3 Gewürznelken
* 1 TL Korianderkörner

Für die Grießknödel:

* 400 g Grieß
* 100 g Butter
* 2 Eier
* 1/2 Liter von der Selchsuppe

***

Wasser in einem Topf zum Kochen bringen. Das Wurzelgemüse in grobe Stücke schneiden und mit den Gewürzen und dem G'selchten ins Wasser geben. Ca. 1,5 Stunden schwach wallend köcheln lassen. Das Fleisch herausheben, etwas rasten lassen und die Suppe durch ein Sieb abseihen.

Für die Grießknödel die Butter in einem Topf zerlassen, den Grieß dazugeben, kurz durchrühren und mit der Selchsuppe aufgießen. Noch einmal gut durchrühren. Vom Herd nehmen und die zwei Eier in die Masse einmengen. 1 bis 2 Stunden ziehen lassen. Danach Knödel formen und in schwach wallendem Wasser ca. 15 Minuten köcheln lassen.

Zum Anrichten das in Scheiben geschnittene G'selchte in der Suppe aufwärmen, herausnehmen und auf Tellern mit den Grießknödeln und etwas Suppengrün servieren.
Dazu gehört traditionellerweise Sauerkraut.

„Eine Menge Trotteln, wie immer"

Waldbachstrub und Echerntal: Adalbert Stifters Erdbeerkinder und der Dachsteinerforscher Friedrich Simony, ein Wasserfall, eine Eishöhle sowie ein kecker kaiserlicher Brief aus einem tiefen Tal bei Hallstatt.

Ein tolles, wenig bekanntes Dokument kaiserlichen Übermuts findet sich in einem tiefen Tal hinter Hallstatt. Die Bergwände steigen dort links und rechts so steil auf, dass die Sonne den Talboden oft nicht erreicht und so die Szenerie in zwei völlig unterschiedliche Welten taucht – in eine helle oben und eine dunkle, schattige unten. Das Tal heißt Echerntal. Wendet man sich am Ortsende von Hallstatt vom See weg, lässt ihn quasi im Rücken liegen, führt das Echerntal direkt zwischen die Berge hinein. Hält man sich links des Waldbachs, kommt man auf die Wege, die auf den Dachstein führen, hält man sich rechts, kann man auf den Salzberg steigen oder gelangt an einen Ort mit dem wunderbar seltsamen Namen **Waldbachstrub**. Der 49 Natur
Waldbachstrub ist ein 95 Meter hoher Wasserfall, gespeist aus den Wassern des Hallstätter- und Gosaugletschers. Der Hauptstrom des Wassers stürzt aus einer stei-

len Klamm hervor, über die sich ganz oben der Bogen einer kleinen Steinbrücke spannt. Aber auch daneben, entlang einer senkrechten Felswand, rauschen kleinere Wasserfälle in die Tiefe. Unten ist ein Becken, das die lautmalerische Bezeichnung „Umadum" trägt und in dem sich die stürzenden Wasser zu wilden, gischtigen, weiß kochenden Wirbeln zusammenfinden. Früher, als im Waldbach noch Holz getriftet wurde, mussten die runden Stämme mit Hilfe eines Hakenbeils mit Muskelkraft entkeilt, aus den tobenden Wirbeln herausgezogen und auf diese mühselige Art dem weiteren Bachlauf übergeben werden. Es war eine äußerst gefährliche Arbeit.

Der erst leicht und dann immer steiler ansteigende Waldweg, der hinaufführt zum Waldbachstrub, ist von besonderer wildromantischer Schönheit. Er schlängelt sich durch einen lichten Wald aus Buchen, Ahorn und Fichten aufwärts, vorbei an einem „Eulenloch" genannten alten Stollen-Mundloch aus dem 18. Jahrhundert, vorbei auch an großen moosigen Kalksteinbrocken, die wirken, als wären sie von Riesen hingeschleudert worden und die der Szenerie eine leise mystische Stimmung verleihen. Im Sommer beugen Türkenbundlilien anerkennend ihre lila gepunkteten Turban-Blüten vor dem schwitzend aufsteigenden Wanderer oder auch Knabenkraut- und weiße Waldvögleinorchideen. Ganz beiläufig stehen die seltenen Schönheiten hier und da zwischen Moosen, Gräsern und Farnen, als wären sie einfache Gänseblümchen. Unten rauscht der Bach, oben zwitschern Vögel in den Ästen, und die Strahlen der Sonne verwandeln alles in ein Kaleidoskop-Bild in Grün- und Brauntönen voller bunter Blüten-Einsprengsel. Im Winter hingegen erstarrt hier alles in einer eisigen, schattigen Kälte und an den Felswänden bilden sich gewaltige Eiszapfenformationen.

Der Weg zum Waldbachstrub ist von jeher ein beliebtes Ausflugsziel. Zahlreiche historische Aquarelle, Zeichnungen und Stiche erzählen davon. Zwei, die immer wieder hierher kamen, und zwar aus Ischl – aus dem erst 1906 Bad Ischl wurde –, waren der junge Kaiser Franz Joseph und seine noch jüngere Kaiserin Sisi. Als braver Sohn berichtete der junge Franz stets emsig an seine Mutter, die Erzherzogin Sophie, die in der Familie die Hosen anhatte und der folgerichtig der Ruf vorauseilte, der einzige richtige Mann im Kaiserhaus zu sein.

Mit viel Sinn für Selbstironie haben die Hallstätter oben am Waldbachstrub eine Tafel aufgestellt, die den Ort als eines der Lieblingsausflugsziele des Kaiserpaares Franz Joseph und Sisi ausweist und auf der ein Auszug aus einem Brief des Kaisers an seine Mutter aus dem Jahr 1865 zu lesen ist. Darin spricht Franz Joseph recht unverschlüsselt vom erstaunlichen Kontrast zwischen der Schönheit des Salzkammerguts und den Simpeln, denen er hier allenthalben begegnen muss: „Vorgestern habe ich allein mit Sisi bei herrlichstem Wetter eine hübsche Partie gemacht ... Nach Tisch sind wir zum Waldbachstrub gegangen. Das Tal war herrlich beleuchtet und vom frischesten Grün; nur durch eine Menge Trotteln, wie immer, und durch eine neue, in dieser schönen Gegend höchst unpassende Zivilisation verunstaltet.“ Wo der Kaiser hier störenden Auswüchsen von Zivilisation begegnet sein will, bleibt sein Geheimnis. Als Mann des 19. Jahrhunderts war er wohl empfindlicher als unsereiner, der sich in dieser Umgebung völlig inmitten unverfälschter Naturschönheit wähnt.

Zwanzig Jahre früher, 1845, hatte hier im Echerntal auch ein anderer eine aufwühlende Begegnung, aus der in weiterer Folge ein zentrales Werk der österreichischen

Literatur entstand. Im Sommer dieses Jahres besuchte der Dichter Adalbert Stifter seinen Freund, den nordböhmischen Geografen Friedrich Simony, in Hallstatt. Simony, der die Erforschung der Berg- und Seenwelt des Salzkammerguts und vor allem des Dachsteinmassivs zu seinem Hauptgebiet erkoren hatte, war ganzjährig in einem Hallstätter Gasthaus eingemietet.

Mitte des 19. Jahrhunderts war die große Zeit der Eroberung der Alpen. Gipfel um Gipfel wurde von kühnen Pionieren erstbestiegen. Friedrich Simony ist eine große Nummer, ein Held, noch dazu einer, der nicht nur unter den Ersten ist, die den 2993 Meter hohen Dachsteingipfel erklettert haben, sondern später auch im Winter in wahnwitziger Anstrengung aufsteigt, um Vermessungen des winterlichen Gletschers durchzuführen. Am 14. Jänner des darauffolgenden Jahres erreichte er bei einer weiteren Besteigung sogar im Winter den Gipfel. Die Einheimischen haben sich inzwischen an den Forscher gewöhnt, der ihnen mit seinen seltsamen Bergeskapaden zu den unpassendsten Jahreszeiten vor allem anfangs ziemlich verrückt vorgekommen war. Simonys Zimmer im Stadler Wirtshaus in Hallstatt, das heute nicht mehr steht, dient ihm zugleich als Forschungsstätte und Aufbewahrungsort geologischer, botanischer und zoologischer Fundstücke und genießt als solches ebenso wie sein Benutzer bereits einen legendären Ruf. Eben dorthin kommen im Sommer 1845 für drei Tage Adalbert Stifter und seine Frau Amalie.

Zum vollwertigen Besucherprogramm gehört eine Wanderung, zu der Stifter und Simony auch gleich aufbrechen, obwohl das Wetter sich unwirtlich, stürmisch und regnerisch zeigt und gerade erst ein übler Sturm durchgezogen ist. Ihr Ziel: Das Echerntal und der Waldbachstrub, eine Gegend, die Simony wie seine Westentasche kennt, weil sie den Eingang zur Dachsteinwelt markiert. Während einer kleinen Pause, die die zwei Freunde einlegen, taucht – wie Stifter später schildert – „ein pausbäckiges Kinderpaar mit riesigen Filzhüten auf den kleinen Köpfen und mit regendurchtränkten Grastüchern überm Rücken hinter den Steinblöcken hervor, uns Erdbeeren zum Kauf anzubieten."

Selbstverständlich kauft Stifter die Erdbeeren, gibt sie den Kindern, einem Buben und seiner kleinen Schwester, aber gleich selbst zum Essen und bittet sie außerdem, ihm zu berichten, woher sie kämen, wie sie den Sturm überstanden hätten und wohin sie gingen. Stifter, dessen großer Schmerz die Kinderlosigkeit seiner Ehe ist, ist hingerissen von den zwei Kleinen und ihrer rührenden Erzählung. Das zufällige Zusammentreffen mit ihnen hallt lange in ihm nach. Als „wie von einem Zauber befangen" beschreibt Simony die Stimmung, in der Stifter schwelgt. Sie hält auch noch an, nachdem er mit Simony den Waldbachstrub aufgesucht, dessen Schilderungen über eine große **Eishöhle** im Dachsteingebiet gelauscht und tags 50 Natur darauf in Simonys Werkstatt auch noch eine naturgetreue Malerei der Höhle zu sehen bekommen hat. Noch vor Ort reift in Stifter ein Entschluss: „Ich habe mir jetzt das Kinderpaar von gestern in diesen blauen Eisdom versetzt gedacht. Welch ein Gegensatz wäre dies liebliche, aufknospende, frisch pulsierende Menschenleben zu der grauenhaft prächtigen, starren, todeskalten Umrahmung! Vielleicht stehle ich Ihnen einmal dieses Bild, wenn Sie nicht vorziehen, es selbst unter die Leute zu bringen."

Noch im selben Jahr setzt Adalbert Stifter seinen Plan in die schriftstellerische Tat um und veröffentlicht im Dezember 1945 die Erstfassung seiner berühmten Weihnachtserzählung „Bergkristall“, in der sich das Geschwisterpaar Konrad und Sanna just an einem 24. Dezember im Schneesturm verirren und auch in eine Gletscherhöhle von gespenstischer Schönheit geraten: „... Es war ganz trocken, und unter ihren Füßen hatten sie glattes Eis. In der ganzen Höhlung aber war es blau, so blau, wie gar nichts auf der Welt ist, viel tiefer und viel schöner blau als das Firmament, gleichsam wie himmelblau gefärbtes Glas, durch welches lichter Schein hineinsinkt. Es waren dickere und dünnere Bogen, es hingen Zacken, Spitzen und Troddeln herab, der Gang wäre noch tiefer zurückgegangen, sie wussten nicht wie tief, aber sie gingen nicht weiter. Es wäre auch sehr gut in der Höhle gewesen, es war warm, es fiel kein Schnee, aber es war so schreckhaft blau, die Kinder fürchteten sich und gingen wieder hinaus ...“

Stifter, der selbst alles andere als ein muskelgestählter Bergfex und interessierter Alpinist war, sondern eher zu den im Sitzen zu konsumierenden kulinarischen Genüssen des Lebens neigte, verdankt Friedrich Simonys Schriften viel für die in höheren Lagen angesiedelten Naturschilderungen seiner Werke. Der Protagonist seines Hauptwerks „Der Nachsommer“, der Geologe Heinrich Drendorf, ist von der Figur Simonys beeinflusst und von dessen alpinistischen Erfahrungen inspiriert.

Fünf Jahrzehnte lang ließ der Dachstein den aus dem nordböhmischen Flachland stammenden Friedrich Simony nicht los – nicht als Wissenschaftler, nicht als Alpinist, nicht als Wegbereiter des Tourismus. Er vermaß, zeichnete und fotografierte, er erschloss Wege, brachte Markierungen an, sicherte Steige, kümmerte sich um den Bau von Notunterkünften und Schutzhütten, wurde 1851 zum ersten Universitätsprofessor für Geografie in Österreich berufen und elf Jahre später zu einem der Mitbegründer des „Österreichischen Alpenvereins“. Und er publizierte: über Meteorologie, über Fauna und Flora, über Geologie und Gletscherbewegungen. Ein charismatischer Forscher, dem es auch kraft seiner schriftstellerischen Begabung gelang, Menschen in seinen Bann zu ziehen.

Das letzte Mal stand Friedrich Simony im Alter von 72 Jahren auf dem Dachsteingipfel. Das war im September 1885. Schon neun Jahre davor hatte er den Bau jener großen Hütte initiiert, die bis heute seinen Namen trägt: die **Simonyhütte**. Die große Alpenvereinshütte am Fuß (51 Natur) des hohen Dachsteins knapp unterhalb des Hallstätter Gletschers ist der Bergsteigerstützpunkt im Dachsteinmassiv. Simony selbst suchte den auf 2203 Metern Höhe gelegenen Platz aus, auf dem 1876 mit dem Bau begonnen wurde. In der Nähe hatte es schon seit 1843 eine Notunterkunft gegeben, ein aus Steinen aufgeschichtetes Hütterl, das sich in den schützenden Felsen dahinter duckt. Es heißt von jeher ziemlich großspurig „Hotel Simony“, wurde vor ein paar Jahren restauriert und kann als Dokument der abenteuerlichen Anfänge des Dachsteinalpinismus besichtigt werden.

Gedämpfte Hex

Aus dem früheren Arme-Leute-Essen, vor dem man sich durchaus auch Stifters Erdbeerkinder zu Hause vorstellen kann, ist ein Fixpunkt der oberösterreichischen Küche geworden.

* 500 g Erdäpfel
* 2 EL Butterschmalz
* Salz
* Petersilie
* Schnittlauch

***

Die rohen Erdäpfel schälen und in ganz dünne Scheiben schneiden oder hobeln. In einer passenden Pfanne das Butterschmalz erhitzen und so viele von den Erdäpfelscheiben hineinschütten, dass sie dünn geschichtet übereinander liegen.
Sobald die Unterseite goldbraun gebraten ist, wendet man die Scheiben und brät auch die zweite Seite.

Das Ergebnis sieht aus wie ein dünner, aus Scheiben geformter Kartoffelpuffer. Falls von den Scheiben etwas übrig geblieben ist, eine zweite Tranche abbraten.

Zum Servieren salzen und mit fein geschnittener Petersilie und Schnittlauch bestreuen.

Kaspressknödel

Für alle, die sich gerne den Bauch so voll schlagen, dass sie wirklich nicht mehr „baff!“ sagen können, sind Kaspressknödel die optimale Lösung.

* 1/4 kg getrocknete Semmelwürfel
* 250 g würziger Käse (Bergkäse, Graukäse, Gruyère)
* 100 g Butter
* 1 mittelgroße Zwiebel
* 20 ml Milch
* 3 Eier
* 1 Dotter
* 40 g Mehl
* Salz
* gehackte Petersilie
* Butterschmalz zum Herausbacken

***

Butter in einer Pfanne zerlassen, die fein gehackte Zwiebel darin glasig dünsten und etwas abkühlen lassen. In der Zwischenzeit die Milch mit den Eiern und dem Eidotter versprudeln und über die Semmelwürfel gießen. Das Zwiebel-Butter-Gemisch zugießen, das Mehl und den geriebenen Käse untermischen, mit Salz und gehackter Petersilie würzen und gut durchmischen.

In einer Pfanne Butterschmalz zerlassen, aus der Masse Laibchen formen und diese beidseitig herausbraten.

Die Kaspressknödel kann man entweder als äußerst sättigende Einlage in einer klaren Suppe verwenden oder – als Hauptgericht – mit Sauerkraut oder grünem Salat servieren.

Hildega

Frau Zaun
von Bad Is

Firmenschild der Konditorei Zauner in der Bad Ischler Pfarrgasse

Johannes Brahms und Alexander Girardi Tarock, hier gaben sich Schauspieler und Künstler die Klinke in die Hand, hier versuchte sich Johann Nestroy im Anschreiben-Lassen, und Österreichs langjähriger Bundeskanzler Bruno Kreisky, der das verdiente Attribut Sonnenkönig trug, schrieb ins Gästebuch „Auf der Durchreise – 10 Minuten beim ‚Zauner', wie immer!"

Nicht dass die Gegenwart der Konditorei Zauner weniger bewegt wäre als ihre Vergangenheit: An vielen Tagen schiebt sich eine lange Schlange wartender Menschen entlang der Mehlspeisenvitrine in Richtung Kassa – im Warten gebannt vom verlockenden Anblick Dutzender Leckereien, von denen einige, wie der Zauner-Stollen, weltweit so berühmt sind wie sonst nur die Sachertorte. Andere werden eher im kleineren Kreis gerühmt, sind aber dort nicht weniger legendär oder weniger innig besungen. An dieser Stelle muss vom **Zwetschkenfleck** gesprochen werden. Jahr für Jahr lauere ich auf die Saison im Sommer, in der es auf den Märkten endlich frische, reife, süße Zwetschken gibt. Das ist das Zeichen für den Beginn der Zwetschkenflecksaison beim Zauner. Dann tauchen in der Vitrine ganze Tabletts mit dieser flachen Fruchtschnitte auf: Leicht überlappend wie Dachschindeln liegen obenauf sorgsam geschichtet die violett-orange Zwetschkenhälften, darüber ein feiner Überzug Gelatine von mattem Glanz. Unten ein wunderbar saftiger, vielschichtiger Plunderteigboden, der Geschmack eine betörende Mischung aus leichter Süße und feiner Säure. 53 Kulinarik

An der Kassa sitzt die Seniorchefin, Hildegard Zauner. Schlank und aufrecht, mit kurzem, grauem Haar, blickt sie jedem über den oberen Rand ihrer Brille forschend ins Gesicht und ihre langfingrigen Hände mit den ungeheuer elegant manikürten, seidenmatt schimmernden Nägeln tippen die Preise in die Tasten. Manchmal sieht man sie auch an ihrem angestammten Tisch vorm Rauchsalon über Papiere gebeugt einen Kaffee oder ein Mineralwasser trinken und dazu eine Zigarette rauchen. Die Anweisungen, die sie ihren Mitarbeitern gibt, sind kurz, präzise und bestimmt. Schlamperei ist ihr ein Gräuel, genauso wie untätiges Herumstehen. „Da kann ich fuchtig werden", sagt sie, „in einem Betrieb wie diesem gibt es immer etwas zu tun."

Seit beinahe 40 Jahren ist Hildegard Zauner hier die Seniorchefin. Inzwischen ist sie Anfang 80. Man muss das schon wissen. Ansehen würde man es ihren leichten Bewegungen und ihrer schmalen Gestalt nicht. Auch wenn ihr Adoptivsohn Josef Zauner, der schon seit seiner Konditorenlehre im Haus arbeitet, inzwischen die Geschäftsführung übernommen hat, steht Hildegard Zauner sechs Tage die Woche im Geschäft und hat alles im Auge und unter Kontrolle. Wenn sie nicht da ist, ist sie höchstens einmal „auf Zimmerstund", wie einen liebenswürdige Kellnerinnen in weiß beschürzten schwarzen Röcken auf Nachfrage

Kulinarik 54

wissen lassen, oder in der **Dependance** der Konditorei an der Ischler Esplanade, wo es sich in der warmen Jahreszeit im direkt oberhalb der Traun gelegenen Terrassengarten nicht weniger drängelt als im Stammhaus und dicke Spatzen frech um die Kuchenbrösel unter den Tischen rittern.

Nur einige wenige Wochen im Jahr sieht Hildegard Zauner nicht in ihrem süßen Reich nach dem Rechten. Da ist sie dann auf Rhodos in dem immer selben kleinen, familiären Hotel, in Seefeld oder im Kurhotel Warmbad-Villach in Kärnten. Wer sie im Urlaub einmal auf einen Nachmittagsplausch getroffen hat, weiß, dass sie auch dort dem Personal auf die Finger schaut und einen Kellner, der im Begriff ist, ein Mineralwasser zu servieren, schon abmahnt, noch bevor er die Gelegenheit hatte, unter Beweis zu stellen, dass er die Flasche ohnehin nicht einfach nur auf den Tisch gestellt, sondern selbstverständlich auch gleich daraus eingeschenkt hätte.

Die Rolle der Unternehmerin war Hildegard Zauner ebenso wenig in die Wiege gelegt wie die der Chefin einer weltberühmten Groß-Konditorei mit sommers beinah 100 und winters zwischen 60 und 65 Angestellten. Aber als es so weit war, wusste sie damit umzugehen. Das Führungstalent, sagt sie, habe sie Gott sei Dank von Natur aus mitgekriegt. „Ohne wäre es auch gar nicht gegangen." Eine „g'mahte Wiesn" sei es allerdings bei Weitem nicht gewesen. „Aber", sagt Hildegard Zauner, „wenn sie mich gleich mit offenen Armen empfangen hätten, hätte ich es vielleicht nicht so gut gelernt." Gemeint sind da vor allem die Ischler. Es ist alles für etwas gut. Man müsse sich die Übernahme einer legendären Konditorei jedenfalls nicht vorstellen wie ein gemachtes Bett, in das sie sich da gelegt habe. Im Gegenteil: Am Anfang war da vor allem „ein Batzen Schulden".

Als sie 1962, mit Anfang 30, nach Bad Ischl auf Urlaub kam, um ihre hier verheiratete Cousine zu besuchen, hatte sie jedenfalls schon viel erlebt. Die junge Hildegard Reitinger kam aus der Nähe von Budweis, wo ihr Vater Lehrer war und sie ins Gymnasium ging. Als Sudetendeutsche wurde ihre Familie enteignet, der Vater verhaftet, Hildegard zur Zwangsarbeit verpflichtet, die Familie zu Kriegsende mit zwanzig Kilo Gepäck in einen Viehwaggon verfrachtet und ausgesiedelt. Wie viele Kinder und Jugendliche ihrer Generation zahlte Hildegard den Preis für die aufeinander prallenden Kriegs- und Racheideologien, mit denen sie selbst nichts zu tun hatte. Die Familie kam nach Kirchheim-Teck bei Stuttgart, wo Hildegard eine Sportschule besuchte. „Ich habe mir gemeinsam mit meiner

Mutter durch das Stricken von Kindersachen das Schulgeld verdient“, erzählt sie. Mit 20 macht sie ihren Abschluss als Sportlehrerin und beginnt zu arbeiten.

Nach einigen Jahren hat sie beim Unterrichten einen schweren Sportunfall. Eine Zeitlang ist sogar von der Amputation des linken Beins die Rede. Ihre Sportkarriere, heißt es, sei auf jeden Fall beendet. Hildegard geht wieder in Ausbildung. Nach weiteren drei Semestern ist sie auf Hauswirtschafts- und Handarbeitslehrerin umgeschult. „Aber das war mir zu wenig. Ich habe dann doch auch wieder Sport unterrichtet.“ Sie wollte beweisen, dass sie es schafft. Widerständigkeit ist einer ihrer Charakterzüge. Gegenwind lässt sie zur Hochform auflaufen. Niemand außer ihr selbst soll entscheiden, was für sie möglich ist und was nicht.

Mit ihrem späteren Mann, Richard Kurth, dem Besitzer der Konditorei Zauner, sagt sie, sei sie 1962 während ihres Urlaubs in Bad Ischl von ihrer Cousine und gemeinsamen Freunden buchstäblich verkuppelt worden. „Mein Mann war seit fünf Jahren Witwer. Er hatte seine erste Frau, Rosina Zauner, bei einem Autounfall verloren. Auch ich hatte meinen früheren Partner durch einen Unfall verloren. Wir waren beide gebrannte Kinder. Wir haben uns gut verstanden.“ Also kam Hildegard nach Ischl. Das Paar heiratete, und sie begann, im Betrieb mitzuarbeiten. „Mein Mann hat eigentlich keine Arbeitswurzn wie mich gesucht. Aber nur Chefin sein, die Honneurs machen und die Leute begrüßen, hat mir nicht gereicht. Ich habe mein ganzes Leben gearbeitet. Ich wollte den Betrieb kennenlernen und alles von Grund auf lernen.“ Also fängt Hildegard an – „hinten“, wie sie sagt, beim Einschachteln der Zauner-Stollen und beim Mascherln-Binden. Leicht machten es ihr anfangs weder die Ischler noch die Angestellten im Haus noch die Schulden, die ihr Mann angehäuft hatte, weil er die Erben seiner ersten Frau hatte auszahlen müssen. „In Ischl hat's geheißen: Ausgerechnet eine Deutsche muss er heiraten! Dabei war ich das nicht einmal. Ich hab's wirklich nicht leicht gehabt in den ersten Jahren."

Ihr Mann ist mehr als 20 Jahre älter als sie. Als er mit 61 an Krebs stirbt, ist Hildegard knapp 40. „Als mein Mann gestorben war, haben die Leut' g'sagt: Jetzt muss sie verkaufen! Und da hab ich mir gedacht: Euch zeig ich's!" Auch diese Entscheidung lässt sie sich nicht aus der Hand nehmen. Hildegard führt den Betrieb allein weiter. Der damalige ungarische Backküchenleiter Herr Nagy, sagt sie, sei ihr in dieser ersten Zeit eine große Hilfe gewesen. „Frau Chefin, machma schon!", habe er immer zu ihr gesagt und sie stets aufs Neue wieder aufgerichtet. „Ich hab oft geweint in dieser Zeit." Dann wurde es besser; der junge Josef Ferner, der schon zu Lebzeiten ihres Mannes als Nachfolger aufgebaut worden war, machte die Meisterprüfung und erwarb die Betriebskonzession. Anfang der 1980er-Jahre änderte Hildegard Kurth ihren Familiennamen auf Zauner, im Jahr 1987 adoptierte sie Josef Ferner, der damit zu Josef Zauner wurde. Der Name Zauner wird also weiter bestehen. Und in ein paar Jahren, hofft sie, wird Josefs Sohn Philipp, ihr Enkel, der noch in die Schule geht, den Betrieb übernehmen.

Hildegard Zauner spricht gerne von Investitionen. Davon, dass einmal im Stammhaus in der Pfarrgasse, dann wieder im Zauner an der Traun-Esplanade investiert werden müsse. Und davon, was Qualität bedeute. Nicht das Rezept des **Zauner-Stollens** sei das eigentliche Geheimnis, sagt sie. Er sei nachgemacht worden, natürlich. Soundso viele Konditoren, die ihn hier in der Backstube gemacht hätten, seien mit dem Rezept im Kopf weggegan-

55 Kulinarik

gen. Das Geheimnis sei die hohe Qualität der Zutaten. Darin liege der eigentliche Unterschied zu den Kopien. Und genau das, sagt sie, wollen die, die nur den Erfolg der Konditorei Zauner sehen, nie verstehen: Erfolg ist stetiges Arbeiten am Halten des hohen Niveaus. „Ein Reporter hat mich einmal gefragt: Frau Zauner, warum haben Sie eigentlich nicht irgendwo eine Villa und eine Yacht und lassen es sich gut gehen? Und ich hab geantwortet: Weil es dann den Zauner nimmer geben würd.“ Klar, gibt Hildegard Zauner zu, das Privatleben bleibt da schon auf der Strecke oder anders gesagt: „Außer Arbeit ist nicht viel gewesen“, aber zwei, drei Mal im Jahr stiehlt sie sich doch fort auf ein paar Tage. In Hotels, in denen sie sich wohl fühlt. Dann geht sie spazieren, löst – wie auch abends, nachdem der Zauner zugesperrt hat – zur Entspannung ihre Kreuzworträtsel und liest gelegentlich eine Biografie. Meistens von einer der Berühmtheiten, die beim Zauner ein- und ausgegangen sind.

Zwetschkenfleck

Natürlich rückt die Konditorei Zauner ihr Originalrezept für den Zwetschkenfleck nicht heraus. Es handelt sich dabei, so Hildegard Zauner verschmitzt, um ein „tresorgehütetes Geheimnis". Bleibt nichts anderes übrig, als mit dieser Rezeptvariante die Herausforderung anzunehmen.

* 1/4 kg glattes Mehl
* 2 Eier
* 180 g Staubzucker
* 220 g Butter
* 10 g Vanillezucker
* 1 Prise Salz
* Zimt
* ca. 1 kg Zwetschken
* Staubzucker (zum Bestreuen)

***

Für den Mürbteig Mehl, Butter, Staubzucker, Vanillezucker, Eier und die Prise Salz in einer Schüssel möglichst rasch zu einem Teig verarbeiten, in Klarsichtfolie wickeln und ca. 1 Stunde im Kühlschrank rasten lassen. Danach den Mürbteig je nach Backblechgröße etwa 1/2 cm dick ausrollen und im vorgeheizten Backrohr (200 °C) ca. 5 Minuten anbacken. Herausnehmen und die halbierten und entkernten Zwetschken mit der Hautseite nach unten dicht an dicht auf den Teig legen, mit Zimt bestäuben und im Backrohr bei 200 °C ca. 20 Minuten fertig backen.

Zum Servieren mit Staubzucker bestreuen.

Einer der Höhepunkte des Jahres: Zwetschkenflecksaison beim Zauner

Register

Rezepte

Glossar

- **Arbeitswurz'n** = Arbeitstier

- **Batzen** = eine Menge (z. B. ein Batzen Geld)
- **brunzen** = pinkeln
- **bummvoll** = sehr voll, gesteckt voll
- **Bürsel** = Abschlussleiste an einer Lederhose, entweder hell oder eingefärbt

- **drängeln** = drängen

- **Eierschwammerl** = Pfifferlinge
- **Erdäpfel** = Kartoffeln

- **fuchtig** = meist in der Phrase: „fuchtig werden", bedeutet so viel wie ungehalten oder scharf werden.

- **Gams** = Gämse
- **Germ** = Backhefe
- **glattes Mehl** = glattes Mehl ist ein handelsübliches Mehl, das sich weich und samtig anfühlt. Demgegenüber besitzt griffiges Mehl eine etwas gröbere Körnung.
- **g'mahte Wies'n** = wörtl. „gemähte Wiese", verwendet im Sinn von „so gut wie erledigt"

- **Hatscher** = eine unter

größter Anstrengung zu Fuß zurückgelegte Strecke, von dem Verb „hatschen“, das so viel wie humpeln, sich schleppen oder schlurfen bedeutet.

- **Kren** = Meerrettich

- **machma** = ugs. für „machen wir“
- **Mascherl** = Schleife
- **mehlige Erdäpfel** = weich kochende Kartoffeln
- **meine Leit** = wörtl. meine Leute, hier in der örtlichen Umgangssprache „meine Eltern“

- **Oasch** = Arsch

- **Panier** = Panade
- **Paschen** = Klatschen
- **Plastiksackerl** = Plastiktüte
- **Powidl** = Pflaumenmus

- **Reiberei** = kleinere Streiterei, kleinerer Konflikt
- **Rein, die** = eine Bratenform

- **Sauerrahm** = saure Sahne
- **Schlagobers** = süße Sahne
- **Schnürlregen** = meist sanfter, aber hartnäckiger, gleichsam in dichten Schnüren – ugs. Schnürln – herabströmender Regen, der fürs Salzkammergut – und übrigens auch für die Stadt Salzburg – typisch ist.
- **Semmelbrösel** = Paniermehl aus geriebenen, trockenen Brötchen
- **speckige Erdäpfel** = fest kochende Kartoffeln

- **Topfen** = Quark

- **versprudeln** = verquirlen

- **weißer Wecken** = ein großes, längliches Weißbrot im Ganzen, das – anders als z. B. ein Baguette – in der Mitte dick ist und an den beiden Enden leicht schmäler wird.
- **Wurzelgemüse** = Ein Bund Wurzelgemüse, auch Wurzelwerk genannt, besteht üblicherweise aus ein, zwei Karotten, einer gelben Rübe, einem Stück Knollensellerie, einem Stück Lauch, einer Petersilienwurzel und etwas Petersilie.

- **Zugereiste** = Zugereiste vs. Einheimische, die Zugereisten sind Gäste oder Besucher einer Region. Wird oft in abschätzigem oder zumindest ironischem Sinn verwendet.

Bibliografie

Marie-Theres Arnbom.
Wolfgangsee.
Christian Brandstätter Verlag,
Wien 2010

Erich Bernard, Judith Eiblmayr,
Barbara Rosenegger-Bernard.
Der Attersee.
Die Kultur der Sommerfrische.
Christian Brandstätter Verlag,
Wien 2009

Hubertus Czernin (Hg.).
Salzkammergut.
Wieser Verlag, Klagenfurt 1998

Hans Eichhorn, Klaus Costadedoi.
Attersee Fisch Fang – Beruf und Leidenschaft.
Edition Sommerfrische,
Attersee 2010

Hans Eichhorn. Logenplatz.
SommerSeeGedichte.
Edition Sommerfrische,
Attersee 2010

René Freund.
Aus der Mitte.
Skizzen aus dem Salzkammergut.
Picus Lesereisen, Wien 1998

Karl von Frisch.
Die Tanzsprache der Bienen.
Originaltonaufnahmen 1953–1962.
2 Audio-CDs.
Supposé, Köln 2005

Karl von Frisch.
Fünf Häuser am See.
Der Brunnwinkl. Werden und
Wesen eines Sommersitzes.
Springer Verlag, Berlin,
Heidelberg, New York 1980

Dietmar Grieser.
Nachsommertraum.
Kremayr & Scheriau, Wien 1993

T. Hellmuth, E. Hiebl, G. Marchner,
M. Scheutz (Hrsg.).
Visionäre bewegen die Welt.
Ein Lesebuch durch das
Salzkammergut.
Verlag Anton Pustet,
Salzburg, München 2005

Ischler Heimatverein (Hg.).
Bad Ischl Heimatbuch 2004.
Verlag Rudolf Wimmer,
Bad Ischl 2004

Ischler Heimatverein (Hg.)
Bad Ischl. Ein Heimatbuch.
Herausgegeben zur 500-Jahr-
Feier der Markterhebung
Oberösterreichischer
Landesverlag, Linz 1966

Franz Kain.
Der Weg zum Ödensee.
Geschichten.
Globus Verlag, Wien 1973

Alfred Komarek.
Ausseerland.
Die Bühne hinter den Kulissen.
Überarbeitet und erweiterte
Ausgabe.
Kremayr & Scheriau, Wien 2002

Alfred Komarek.
Österreich mit einer Prise Salz.
Ein Mineral macht Geschichte.
Kremayr & Scheriau, Wien 1998

Christoph Ransmayr.
Die ersten Jahre der Ewigkeit.
Der Totengräber von Hallstatt.
In: **Der Weg nach Surabaya.**
Reportagen und kleine Prosa.
S. 63–74, S. Fischer Tb.,
Frankfurt a. M. 1999

Adalbert Stifter.
Abdias. Bergkristall. Erzählungen.
S. Fischer Tb.,
Frankfurt a. M. 2009

1 Gmundner Keramik
Keramikstraße 24, 4810 Gmunden, Tel. 07612 786-0, www.gmundner-keramik.at (Handwerk / Seite 10)

2 Klo & So Sanitärmuseum
Das Museum, in dem historische Kloschüsseln, Waschbecken und Sanitäranlagen zu sehen sind, ist im „K-Hof" untergebracht, den Kammerhofmuseen Gmunden, Kammerhofgasse 8, 4810 Gmunden, www.museen.gmunden.at (Skurriles / Seite 10)

3 Friedhof der Pfarrkirche
Traunkirchen: Klosterplatz 1, 4801 Traunkirchen (Geschichte / Seite 10)

4 Trisselwand
Um zum Ausgangspunkt der Wanderung zu kommen, biegt man im Ort Grundlsee nach links Richtung Untertressen, nach ca. 1 km nach rechts ab bis zum Gasthaus Trisselwand. Dort stellt man das Auto ab. Links vom Gasthaus beginnt der Weg über eine leicht ansteigende Wiese zum Waldrand, weiter geradeaus Richtung Trisselwand entlang des markierten Wegs. (Natur / Seite 11)

5 Jainzen
Ausgangspunkt für die Jainzen-Besteigung ist zum einen der Parkplatz Kaiserpark im Zentrum von Bad Ischl. Von einer etwas anderen Seite erreicht man ihn, wenn man die Wanderung im Ortsteil Jainzen beginnt. Info unter www.badischl.com (Natur / Seite 14)

6 Bleckwandhütte
Um den Ausgangspunkt für die Wanderung auf die Bleckwandhütte zu erreichen, biegt man von der Wolfgangseebundesstraße (B 158), die am See entlangführt, auf der Höhe Abersee/Gschwendt beim Schild mit der Aufschrift „Bleckwand" von der Bundesstraße ab und folgt dem Straßenverlauf bergauf bis zu einer Mautstelle. Für diese sollte man, da sie unbemannt ist, die Maut in Münzen bereit haben (zuletzt 4 €). Von dort geht es noch etwa zehn Minuten bergauf bis zum Parkplatz Bleckwandhütte. Linkerhand führt ein Pfad den Hang hinauf in den Wald, dem folgt man ca. 30 Minuten, bevor man die Hütte erreicht. Es ist eine kurze, schöne, mitunter ziemlich steile Wanderung durch den Wald, die

man aber durchaus auch Kindern zumuten kann, wenn man sie im Auge behält. (Natur / Seite 14)

7 Friedrich Guldas Bank

Die Bank am Steinbach am Attersee findet man, wenn man an der Volksschule Steinbach vorbei die Bundesstraße Richtung Traunsee kreuzend geradeaus der kleinen Straße folgt. Nach etwa 200 Metern kommt links ein Marterl. Knapp davor steht die Bank unter einem Baum. (Kultur / Seite 14)

8 „Five Fingers"

Die Aussichtsplattform der „Five Fingers" am Krippenstein erreicht man am einfachsten mit der Dachstein-Welterbe-Seilbahn/Obertraun am Hallstättersee. Infos über den Sommerbetrieb gibt es unter www.dachstein-welterbe.at, für den Winterbetrieb mit Schnee- und Skisportinfos unter www.krippenstein.com. Allgemeine Infos via Dachstein & Eishöhlen GmbH, Winkl 34, 4831 Obertraun, Tel. 06131 5312804. (Natur / Seite 15)

9 Salzbergwerk

Salzbergstraße 1, 4830 Hallstatt, Tel. 06132 2002400, www.salzwelten.at (Natur / Seite 18)

10 Museum Hallstatt

Seestraße 56, 4830 Hallstatt, Tel. 06132 828015, www.museum-hallstatt.at (Kultur / Seite 18)

11 Hallstätter Beinhaus

Katholische Kirche Hallstatt, Kirchenweg 40, 4830 Hallstatt, Tel. 06134 8279, www.kath.hallstatt.net, Mai bis Okt. 10–18 Uhr Einlass, sonst von außen durchs Gittertor einsehbar. (Geschichte / Seite 22)

12 Gasthof Zauner Seewirt

Marktplatz, 4830 Hallstatt, Tel. 06134 8246, www.zauner.hallstatt.net (Skurriles / Seite 23)

13 Gustav Mahlers Komponierhäuschen

Hotel Föttinger, Seefeld 14, 4853 Steinbach am Attersee, Tel. 07553 8100, www.hotel-attersee.at
Das Komponierhäuschen liegt direkt am See am Ende des Campingplatzes, der zum Hotel Föttinger gehört. Es hat keine

fixen Öffnungszeiten. Wer es besichtigen will, holt sich den Schlüssel an der Rezeption des Hotels Föttinger, wo es auch eine Vitrine mit allen möglichen Mahler-Broschüren, -Büchern und -Devotionalien gibt.
Mehr Info zu Mahlers Sommern am Attersee unter www.mahler-steinbach.at (Kultur / Seite 26)

14 Fischerei Scheichl
Jeritzastraße 90, 4866 Unterach am Attersee, Tel. 07665 8336.
Das ganze Jahr über Räucherfisch und frische Fische. Dort können Sportangler sich außerdem Tages-, Wochen- oder Saisonkarten fürs Angeln am Attersee besorgen.
Mo. bis Fr. 8–12 und 13–18 Uhr, Sa. 8–12 und 13–16 Uhr
(Kulinarik / Seite 29)

15 Fischerei Ecker
Moos 17, 4863 Seewalchen am Attersee, Tel. 07662 2487.
Das ganze Jahr über geräucherten und frischen Fisch, je nach Saison. Di. bis Fr. 9–18 Uhr und Sa. 9–17 Uhr
(Kulinarik / Seite 31)

16 Goiserer, Rudolf Steflitsch-Hackl
4822 Bad Goisern 47,
Tel. 06135 8227, www.goiserer.at
(Handwerk / Seite 36)

17 Gamsjagatage Bad Goisern
www.gamsjagatage.at
(Skurriles / Seite 36)

18 Gesellschaft zum Schutz der gedemütigten Lederhose
Bernhard Stückelschweiger genannt B. S. Stucka, Galerie, Atelier, Kleinkunst.
Leitenbergerstraße 8, 4820 Bad Ischl, Tel. 0664/ 4747378
(Skurriles / Seite 37)

19 Fleischerei Zauner
Untere Marktstraße 24, 4822 Bad Goisern, Tel. 06135 8215
(Kulinarik / Seite 42)

20 Bäckerei Maislinger
Obere Marktstraße 4,
4822 Bad Goisern
(Kulinarik / Seite 42)

21 Gasthaus Steegwirt
Au 12, 4822 Steeg am Hallstättersee, Tel. 06135 8302,
www.steegwirt.at
(Kulinarik / Seite 42)

22 Jausenstation Rassingmühle
Martin Steglegger, Unterjoch 13, 4822 Bad Goisern, Tel. 0650 8205987 (Kulinarik / Seite 42)

23 Kaiser-Jagdstandbild
Das Kaiser-Jagdstandbild in der Kaltenbachau erreicht man, wenn man die Bad Ischler Esplanade stadtauswärts Richtung Süden geht und sich immer entlang der Traun hält, nach ungefähr einer Viertelstunde – unmittelbar nach dem Bad-Ischl-Ortsende-Schild. (Kultur / Seite 51)

24 Kaiservilla
Jainzen 38, 4820 Bad Ischl, Tel. 06132 23241, www.kaiservilla.at (Geschichte / Seite 52)

25 EurothermenResort Bad Ischl – Salzkammergut-Therme
Voglhuberstraße 10, 4820 Bad Ischl, Tel. 06132 204-2700, www.eurothermen.at (Kultur / Seite 54)

26 Museum der Stadt Bad Ischl
Esplanade 10, 4820 Bad Ischl, Tel. 06132 25476, www.stadtmuseum.at (Kultur / Seite 56)

27 Villa Rothstein
PKS – „Pythagoras Kepler System" nach Viktor und Walter Schauberger – „Gesellschaft zur Förderung naturgemäßer Technik":
Kaltenbach 162, 4820 Bad Ischl, Tel. 06132 24814. www.pks.or.at (Geschichte / Seite 61)

28 PKS-Bronze – Gartengeräte
Johannes Stadler, Kaltenbach 162, 4820 Bad Ischl, Tel. 06132 28377-0, www.pksbronze.com (Handwerk / Seite 63)

29 Villa Blumenthal
Kaltenbach 153, 4820 Bad Ischl. Das Haus ist in Privatbesitz, kann aber von außen betrachtet werden. Am Zaun hängen eine Tafel mit der Hausgeschichte sowie Broschüren zum Mitnehmen. (Skurriles / Seite 66)

30 Romantikhotel „Im Weißen Rössl"
Markt 74, 5360 St. Wolfgang, Tel. 06138 2308-0, www.weissesroessl.at. (Geschichte / Seite 67)

31 Brunnwinkl
Der Brunnwinkl ist ein Ortsteil von St. Gilgen am nordöstlichen Ende des Wolfgangsees. Der Weg

durch die Brunnwinkl-Bucht ist öffentlich, die Häuser allerdings in privater Hand. Man kann den Brunnwinkl von St. Gilgen kommend in 20 Minuten zu Fuß erreichen oder parkt direkt oberhalb der Bucht an der Bundesstraße B 154. Geht man den Weg durch die Brunnwinkl-Bucht weiter, erreicht man nach 20 bis 30 Minuten das Gasthaus Fürberg und kann von dort weiter auf den Falkenstein Richtung St. Wolfgang oder am See entlang zu den Denkmälern „Ochsenkreuz“ und „Hochzeitskreuz“ weitergehen.
(Natur / Seite 72)

32 Gasthof & Hotel Fürberg am Wolfgangsee

Winkl 19, 5340 St. Gilgen am Wolfgangsee, Tel. 06227 23850, www.fuerberg.com
(Kulinarik / Seite 72)

33 Ochsenkreuz und Hochzeitskreuz

Ochsenkreuz und Hochzeitskreuz, zwei Marterl am Wolfgangseeufer bzw. auf einer winzigen Felsinsel im Wasser (Hochzeitskreuz), erreicht man, wenn man vom Brunnwinkl über das Gasthaus Fürberg weiter entlang des Sees geht, ca. 20 Minuten nach dem Gasthaus.
(Kultur / Seite 72)

34 Zwölferhorn

Seilbahn 12erhorn. Konrad-Lesiak-Platz 3, 5340 St. Gilgen, Tel. 06227 2350, www.12erhorn.at
(Natur / Seite 73)

35 Heimatkundliches Museum St. Gilgen:

Sonnenburggasse 3, 5340 St. Gilgen, Tel. 06227 7959, www.museum-sankt-gilgen.at
(Geschichte / Seite 74)

36 Landhaus zu Appesbach

Au 18, 5360 St. Wolfgang, Tel. 06138 2209, www.appesbach.com
(Geschichte / Seite 80)

37 Pacher-Altar

Pfarr- und Wallfahrtskirche St. Wolfgang: Pfarramt Markt 18, 5360 St. Wolfgang, Tel. 06138 2321, www.dioezese-linz/pfarren/stwolfgang (Kultur / Seite 82)

38 Grabenmüller Holzofenbrot

Familie Ellmauer, Schwarzenbach 13, 5360 St. Wolfgang, Tel. 06138 2686. Das Holzofenbrot bekommt man auch beim Spar

Strobl, Weißenbach 250, 5350 Strobl, Tel. 06137 61270 (Mo. bis Fr. 7.30–18.45, Sa. 7.30–17.00 Uhr) und im Lagerhaus Bad Ischl, Steinbruch 144, 4820 Bad Ischl, Tel. 06132 23552 (Mo. Di. Do. Fr. 7.30–12.00 und 13.00–17.00, Mi. 7.30–12.00 Uhr). (Kulinarik / Seite 88)

39 Bürglstein

Zum Bürglstein und dem Spazierweg rundherum kommt man auch von der Seeklause am Ortsende von Strobl, dort wo die Ischl aus dem Wolfgangsee fließt. An dieser Stelle ist ein schmiedeeisernes Tor, durch das man die Promenade zum Bürgl von Strobl aus betritt. (Natur / Seite 89)

40 Moorverein Blinklingmoos

Infos über die Aktivitäten des Vereins und zu Führungen bzw. Kontakt zu Johann Linortner über den Wolfgangsee Tourismus-Strobl, Dorfplatz 17, 5350 Strobl, Tel. 06137 7855, www.wolfgangsee.at oder auch über die Gemeinde Strobl, Ischlerstraße 59, 5350 Strobl, Tel. 06137 7256, www.strobl.salzburg.at (Natur / Seite 90)

41 Schafbergbahn

Markt 35, 5360 St. Wolfgang, Tel. 06138 2232-0, www.schafbergbahn.at (Natur / Seite 90)

42 Gemeindebad Strobl – Wassbad

5350 Strobl, Gemeindeamt Strobl, Tel. 06137 7256. Eintritt: 3 €, Kinder unter 14 frei, Parkplatz: 2,50 €, dafür kriegt man dann 1 Euro vom Eintritt zurück. www.wolfgangsee.at (Natur / Seite 94)

43 Raich – Handwerksbetrieb für Ausseer Dirndln und Lederhosen

Altausseerstraße 59, 8990 Bad Aussee, Tel. 03622 52260 (Handwerk / Seite 97)

44 Lederhosenwerkstatt Johanna Röhrenbacher

Weinbach 75, 5351 Aigen-Vogelhub, Tel. 06137 6666. (Handwerk / Seite 98)

45 Gradieranlage Altaussee

Die Sole-Freiluftinhalationsanlage von Altaussee, in der Salzsole über Tannenreisig tröpfelt, steht unweit der Seeklause. Info: Gemeinde Altaussee, Fischerndorf 61, 8992 Altaussee, Tel. 03622 71643, www.altaussee.at Von Mai bis Ende Oktober täglich geöffnet. (Skurriles / Seite 99)

46 Das Bernhard-Haus

Wohnhaus von Thomas Bernhard, Obernathal 2, 4964 Ohlsdorf.
Das Haus ist von Ostern bis Ende Oktober an Sa, So und Feiertagen von 14 bis 18 Uhr geöffnet und kann im Rahmen einer Führung besichtigt werden.
Voranmeldungen unter 07612 47013 oder E-Mail: stiftung@thomasbernhard.at
Info: www.thomasbernhard.at
(Kultur / Seite 101)

47 Literaturmuseum Altaussee

Kur- und Amtshaus, 8992 Altaussee, Fischerndorf 61, Tel. 0664 4441069, www.literaturmuseum.at. (Öffnungszeiten Juni bis September: 10.00–12.00 Uhr und 14.30–18.00 Uhr, Oktober bis Mai: 14.30–17.00 Uhr, Sonn- u. Feiertag geschlossen). Hier findet man viel Wissenswertes über Wassermann, Hofmannsthal und viele andere, die das Ausseerland bewohnten oder besuchten.
(Kultur / Seite 101)

48 Friedhof Altaussee

Der Friedhof liegt etwas abseits von der Kirche, oberhalb des Sees, am Ende des Ortsteils Fischerndorf. Die Gräber von Jakob Wassermann und Paul Preuß liegen an der vom Haupteingang aus gesehen rechten Friedhofsmauer.
Info: Pfarramt Bad Aussee, Kirchengasse 26, 8990 Bad Aussee, Tel. 03622 52214
(Geschichte / Seite 102)

49 Waldbachstrub

Ausgangspunkt ist der Parkplatz beim Busterminal in Hallstatt-Lahn. Von dort über die Hauptstraße und auf den Echerntalweg. Immer geradeaus bis zum einstigen Gasthaus Dachsteinwarte, dort schräg rechts in den Wald und schließlich über die Binderwiese weiter bis zum Aussitzplatz vor den Waldbachstrub-Wasserfällen. Ca. 1–1,5 Std. gemütlicher Wanderung. (Natur / Seite 107)

50 Dachstein-Eishöhlen

Dachstein & Eishöhlen GesmbH & CoKG, Winkl 34, 4831 Obertraun am Hallstättersee,
Tel. 06131 531-0,
www.dachsteinwelterbe.at
(Natur / Seite 111)

51 Simonyhütte
Lahn 48, 4830 Hallstatt,
Tel. 0680 2196374,
www.simonyhütte.at,
ganzjährig geöffnet (genaue Daten siehe Website)
(Natur / Seite 113)

52 Konditorei Zauner
Pfarrgasse 7, 4820 Bad Ischl,
Tel. 06132 233100, tgl. 8–18 Uhr,
www.zauner.at
(Kulinarik / Seite 117)

53 Zauner Zwetschkenfleck
(Kulinarik / Seite 119)

54 Grand Café Restaurant Zauner Esplanade
Esplanade, 4820 Bad Ischl, Tel. 06132 233100, tgl. 10–22 Uhr,
www.zauner.at
(Kulinarik / Seite 120)

55 Zaunerstollen
Die berühmeste Bad Ischler Mehlspeise aus dem Hause Zauner gibt es mit dunkler oder mit Milchschokolade-Umhüllung und in mehreren Größen. Sie kann telefonisch und auch über die Website bestellt werden und wird weltweit verschickt. www.zauner.at
(Kulinarik / Seite 123)

Julia Kospach, Studium der Linguistik und Slawistik in Wien und Paris. Bis 2004 Literaturredakteurin des Nachrichtenmagazins „Profil“, danach Mitarbeiterin André Hellers für dessen internationale Kunst- und Kulturprojekte. Seit 2006 freie Journalistin für die Feuilletons in- und ausländischer Medien (u. a. „Frankfurter Rundschau“, „Berliner Zeitung“, „Falter“, „Die Presse“, „St. Galler Tagblatt“) und Buchautorin. Zuletzt erschienen: *Wien, eine Melange* (2009) und *Letzte Dinge. Ilse Aichinger und Friederike Mayröcker. Zwei Gespräche über den Tod* (2008).